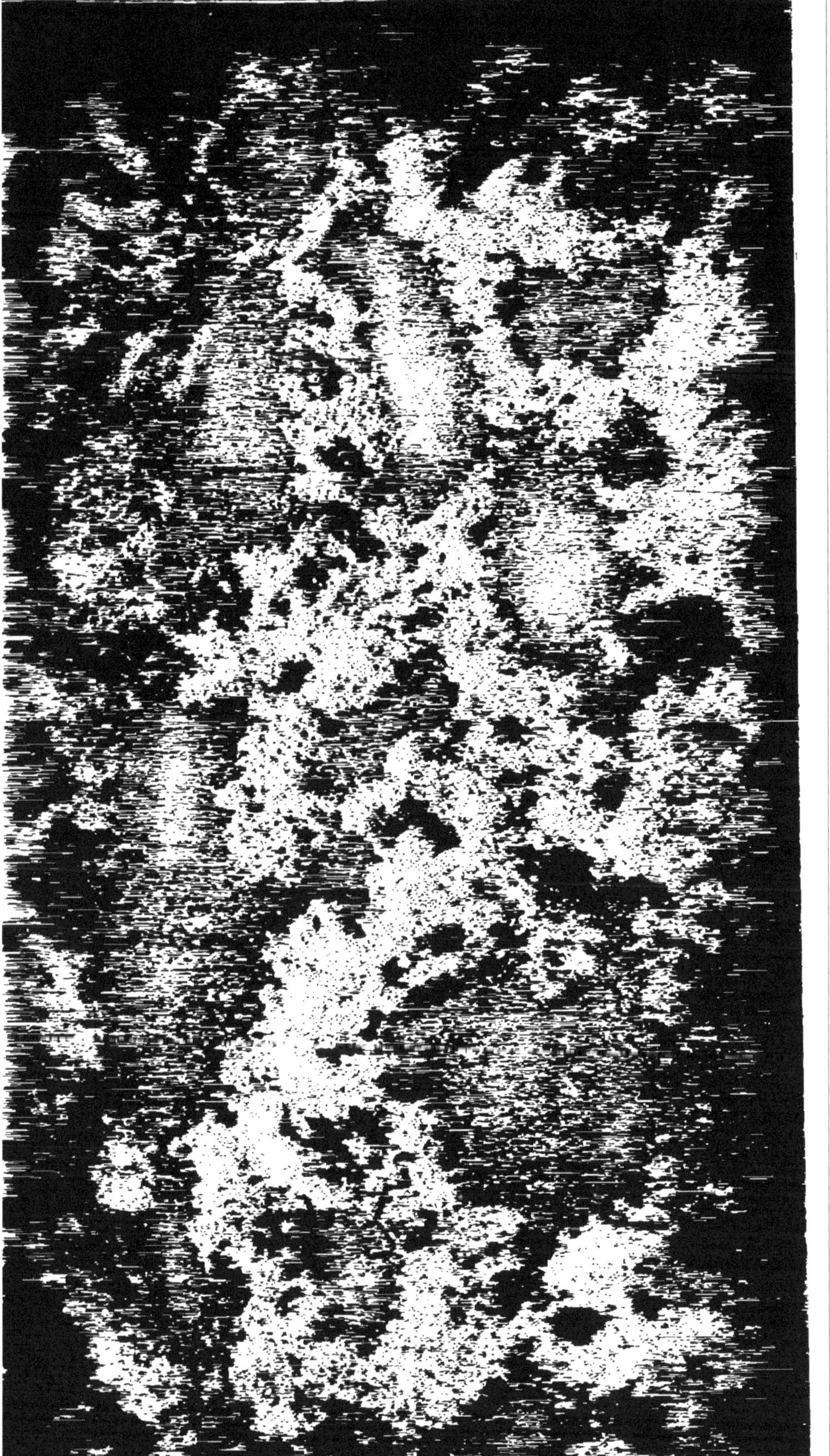

LA JEUNESSE C[illegible]

SÉRIE

[illegible]E BAILLI

SUFFREN

PAR

[illegible]

[illegible]LS, ÉDITEURS

BIBLIOTHÈQUE

DE LA

JEUNESSE CHRÉTIENNE

APPROUVÉE

PAR Mgr L'ARCHEVÊQUE DE TOURS

—

5e SÉRIE IN-12

LE BAILLI DE SUFFREN

« Le sultan de Mysore ayant détaché de son turban l'aigrette en diamants qui l'ornait, la présente au bailli de Suffren. »

LE BAILLI
DE SUFFREN

PAR

FR. JOUBERT

TOURS

ALFRED MAME ET FILS, ÉDITEURS

M DCCC LXX

LE BAILLI
DE SUFFREN

CORRESPONDANCE SERVANT D'INTRODUCTION

Amédée de Valsain, garde-marine de la compagnie de Toulon (1), *à son ami Lucien de Saint-Florent, de la même compagnie.*

« Du château de Saint-Geniez, en Dauphiné,
ce 20 novembre 1742.

« Mon cher Lucien,

« Je n'ai pas à t'entretenir aujourd'hui, comme je le faisais dans mes lettres pré-

(1) La création des *gardes de la marine*, — ou par abréviation *gardes-marine*, — remonte à Louis XIV. Ce fut d'après les conseils de Colbert que ce monarque établit dans les ports de Toulon, Brest et

cédentes, de mes exploits de chasseur. Depuis la Saint-Hubert, que, par parenthèse, nous avons splendidement fêtée à Saint-Geniez, nous laissons reposer nos fusils, chiens et cors de chasse. J'ai simplement à te demander quelques renseignements que j'ai promis de transmettre à un jeune abbé, fort instruit et fort aimable, dont j'ai fait la connaissance la semaine dernière chez mon oncle l'évêque de Grenoble. Ce jeune ecclésiastique, que mon oncle me présenta sous le nom de l'abbé de Saint-Tropez (1), en apprenant

Rochefort, trois compagnies de *gardes de la marine*. Cette institution avait pour but de former une pépinière d'officiers pour l'armée de mer, comme les écoles militaires étaient destinées à fournir des officiers à l'armée de terre. Le choix des gardes-marine était fait par le roi : nul ne pouvait y être admis s'il n'était gentilhomme et s'il avait plus de seize ans. Cette institution a duré jusqu'à la révolution de 1789. Elle a été remplacée par celle des *aspirants de marine*.

(1) Louis-Jérôme Suffren de Saint-Tropez était de quatre ans plus âgé que son frère le bailli de Suffren; après avoir été prévôt du chapitre de Saint-Vincent de Marseille, il fut sacré évêque de Sisteron, en 1764. Il est mort en exil pendant la révolution.

que j'appartenais à la compagnie des gardes-marine de Toulon, me demanda avec empressement si je pourrais lui donner des nouvelles de son jeune frère, nommé Pierre-André de Suffren de Saint-Tropez, entré dans cette compagnie vers la fin de janvier dernier.

« Je répondis que cela m'était impossible, attendu que je m'étais embarqué, au mois de décembre 1741, pour une croisière aux échelles du Levant; qu'à mon retour de cette expédition, qui avait duré près de huit mois, j'avais obtenu un congé de semestre que je m'étais empressé de venir passer dans ma famille, en Dauphiné; de sorte que je n'avais fait qu'une courte apparition à Toulon, où je n'avais eu que le temps de serrer la main à quelques-uns de mes anciens camarades, mais non de faire connaissance avec les nouveaux, arrivés pendant mon absence.

« — C'est fâcheux, reprit l'abbé; car j'aurais été bien aise de causer de mon frère avec un de ses camarades, qui aurait pu me donner des détails sur son nouveau genre de vie, sur le plus ou moins de facilité qu'il a eu à s'y accoutumer. Je tiendrais beaucoup aussi à connaître l'opinion que ses camarades se sont formée de lui, comment il a pris avec eux, s'il est laborieux, etc. Vous ne sauriez croire, Monsieur, combien j'attache de prix à ces détails, et combien je regrette que vous ne puissiez me les donner.

« — Je le regrette aussi, Monsieur, repris-je; mais ne pouvez-vous pas vous procurer ces renseignements par votre frère lui-même, ou par les chefs de la compagnie?

« — Sans doute, reprit-il en souriant; mais les renseignements arrivés par cette voie sont insuffisants, et je serais bien aise de les compléter et de les contrôler par d'autres qui me seraient fournis avec cette franchise, ce laisser aller que l'on rencontre entre jeunes gens, surtout entre militaires et marins.

« — Ma foi, monsieur l'abbé, si vous

y tenez, je crois pouvoir vous procurer ces renseignements, à peu près tels que vous les désirez, par l'intermédiaire d'un de mes meilleurs amis, avec qui je suis en correspondance assez régulière. Comme il n'a pas quitté un instant la compagnie, il est certain qu'il doit connaître monsieur votre frère, et qu'il peut donner sur lui tous les éclaircissements de nature à vous intéresser. Je lui en parlerai, si vous le voulez, dans ma première lettre, et sa réponse ne se fera pas attendre. »

« L'abbé parut enchanté de ma proposition, et me pria instamment d'y donner suite. Il a renouvelé cette demande chaque fois que nous nous sommes vus depuis notre première rencontre, c'est-à-dire presque tous les jours. Dans les divers entretiens particuliers que nous avons eu ensemble, j'ai pu apprécier le mérite et les qualités de l'abbé de Saint-Tropez, et j'ai conçu pour lui la plus haute estime. C'est un homme animé d'une foi vive et d'une piété fervente, mais sans rigorisme, sans exagération. Sévère pour lui-même, il est indulgent pour les autres; et dans toute occasion, dans ses paroles comme dans ses actes, il montre toujours une charité profonde envers le prochain. Ce qui m'a surtout frappé chez lui, c'est le tendre attachement qu'il porte à son jeune frère. Il n'en parle jamais qu'avec attendrissement : « C'était, me disait-il l'autre jour, le dernier-né de la famille, le Benjamin chéri et un peu gâté de tout le monde. Sa complexion, en naissant, était très-délicate; et, sans les soins attentifs et minutieux de notre excellente mère, il eût certainement succombé aux maladies dont il a été atteint, et auxquelles les enfants sont sujets dans le premier âge. Malheureusement pour nous tous, et surtout pour lui, nous perdîmes cette mère chérie lorsque le petit André avait à peine atteint sa quatrième année. Nous crûmes quelques instants qu'il ne lui survivrait pas. Cependant sa santé s'est raffermie peu à peu, ses forces se sont accrues insensiblement, et lorsqu'il est arrivé à l'adolescence, son tempérament, sans être robuste, avait acquis une vigueur qu'on était loin d'espérer dans son enfance. En même temps que ses forces physiques, son intelligence s'était développée d'une manière remarquable. Il apprit, presque sans travail, les premiers éléments des connaissances que l'on enseigne aux enfants. Lorsqu'il fit ses humanités, ses maîtres étaient étonnés de sa facilité, de sa mémoire, de sa pénétration. Je lui ai servi de répétiteur à peu près pendant toute la durée de ses études; je puis dire que c'était pour moi une bien douce satisfaction que de suivre pas à pas ses progrès, et que j'ai ressenti une profonde douleur quand la différence des carrières auxquelles nous étions destinés nous a forcés de nous séparer... D'après ce que je viens de vous dire, Monsieur, continua l'abbé, vous devez comprendre pourquoi j'attache tant d'importance aux renseignements que pourra me donner votre ami. Recommandez-lui de vous parler avec la plus grande franchise, de ne vous rien cacher, en lui faisant comprendre que c'est dans l'intérêt de ce cher enfant que je désire connaître la manière dont il se conduit; car, s'il se dérangeait, personne mieux que moi ne sait comment il faut s'y prendre pour le ramener dans la bonne voie. »

« Ici j'ai interrompu l'abbé et lui ai dit en riant : Permettez-moi, Monsieur, de vous faire une simple observation : il me semble que vous voulez charger mon ami d'une mission bien délicate en lui demandant de rendre compte de la conduite d'un de ses camarades. Il ne nous appartient pas de juger la conduite les uns des autres; ceci regarde nos chefs, dont le devoir est de faire des rapports de cette nature au roi, aux ministres, aux familles; mais aucun de nous ne voudrait se charger de ce rôle de rapporteur... ou de dénonciateur d'un de ses camarades.

« — Allons, reprit-il en souriant, je vois que je me suis mal exprimé, et que vous ne m'avez pas compris. Et qui vous parle, grand Dieu! de rapport officiel et de dénonciation? Ce que j'attends de votre ami n'est pas autre chose que ce que vous n'auriez pas hésité sans doute à me dire entre nous, par forme de conversation, si vous aviez connu mon frère. D'ailleurs je ne tiens pas à ce que votre ami fasse mystère à André des informations que je prends sur lui; je le connais trop pour ne pas être persuadé qu'il n'y verra autre chose qu'un effet de la tendre sollicitude et de l'affection que je lui porte.

« — Dans ces conditions, repris-je, je ne vois, en effet, rien qui empêche mon ami de satisfaire à votre désir.

« — Enfin, nous nous comprenons, dit-il, toujours avec son fin sourire. Maintenant permettez-moi d'ajouter qu'il est surtout deux choses sur lesquelles je désirerais avoir quelques éclaircissements. Je connais le programme des études que doivent suivre les jeunes gardes-marine; mon frère y avait été initié par des études préparatoires, et il montrait pour ce genre de conaissances les plus heureuses dispositions. Je voudrais savoir s'il continue à se livrer à ces études avec le goût et l'application qu'il y apportait autrefois.

« — Oh! lui répondis-je, là-dessus, Monsieur, il ne faut pas être trop exigeant. Puisque vous connaissez le programme de nos études, vous savez qu'il comprend le dessin, les mathématiques, la fortification, l'hydrographie, le pilotage, la manœuvre des vaisseaux, la construction navale, le levé des plans; puis le maniement de la pique et du mousquet, les évolutions militaires, le tir du canon; puis l'escrime et la danse, et enfin l'étude des ouvrages et des travaux de l'arsenal... Eh bien! Monsieur, je vous le demande, un pareil programme n'a-t-il pas quelque chose d'effrayant? Le fait est que si on voulait le suivre à la lettre, on n'aurait pas assez du jour et de la nuit pour en observer les prescriptions, et il ne resterait pas une minute de repos au pauvre garde-marine. Aussi, à cet égard, on en prend et on en laisse; nos chefs eux-mêmes ne sont pas, sur ce point, très-sévères... (1).

(1) « Si l'on eût suivi à la lettre ce programme, la vie du garde de la marine eût été sévère, claustrale, entièrement occupée; les mœurs de l'époque s'y opposaient. L'honneur de la jeune noblesse consistait à servir le roi de son épée, à briller dans un bal, dans un salon : aussi, de tout le programme d'études, les leçons d'escrime et de danse étaient-elles suivies avec le plus d'assiduité et le plus de succès; officiers et gardes faisaient galerie et applaudissaient dans les salles de danse et d'escrime; le plus gracieux danseur, l'adroit tireur, étaient des officiers modèles; l'on n'assistait qu'avec distraction aux leçons souvent troublées des maîtres de sciences, et les conférences où le mérite des jeunes officiers devait être apprécié et jugé restaient dédaignées et désertes. La journée finissait de bonne heure; alors commençaient les longues heures de dissipation qu'on ne savait remplir que par le jeu et des parties de débauche, et la soirée se terminait rarement sans querelle et sans un duel... La plupart de ces jeunes nobles, remplis de suffisance, croyaient savoir, sans l'avoir étudié, tout ce que leur programme leur recommandait d'apprendre... Le seul temps qu'ils employassent utilement était celui de la navigation, le service du bord ne leur laissant pas de désœuvrement; mais alors il n'était guère question pour eux que de discipline et de manœuvres; les bribes de connaissances scientifiques

« — Je le sais, Monsieur, reprit-il, et c'est un malheur; car ce programme résume d'une manière complète les études spéciales nécessaires à un marin. Malgré sa complication, je suis persuadé que si l'on employait une méthode régulière pour le suivre, il ne paraîtrait pas trop chargé; et que, sans manquer à une seule des leçons qu'il indique, on trouverait encore un repos suffisant chaque jour. Nous en avons fait l'essai pour mon jeune frère avant son départ pour Toulon, et je vous assure que pendant près d'un an qu'il s'est livré à ces exercices, sous la direction de maîtres et de répétiteurs expérimentés, il a fait des progrès réels, et ne s'est jamais plaint d'un surcroît de travail. Comme nous savions que ces études essentielles étaient généralement négligées par les jeunes gardes-marine, que même on allait jusqu'à chercher à dé-

qu'ils avaient pu recueillir à terre dans les leçons des professeurs, disparaissaient dans de longues années d'oubli et d'inapplication. » — TH. PAGE.

(*Notice sur les gardes de la marine.*)

tourner ceux qui montraient de l'application et des dispositions pour l'étude, j'ai recommandé à mon frère de faire en sorte que, sans se singulariser, sans céder non plus trop facilement aux railleries et au respect humain, il fît en sorte de remplir avec zèle les devoirs que lui imposait sa nouvelle profession. A-t-il suivi mes conseils, ou s'est-il laissé entraîner par le mauvais exemple? Voilà ce que ni ses lettres, ni les rapports de ses chefs, quoique fort satisfaisants du reste, ne nous apprennent pas suffisamment. J'ai su aussi, d'une manière indirecte, qu'il avait eu une querelle avec un de ses camarades, et qu'il avait failli en résulter un duel. Il n'en dit rien non plus dans ses lettres, de peur sans doute de nous alarmer, et je n'ai pas voulu l'interroger à ce sujet. Cependant, d'après ce que l'on m'a dit, l'affaire n'a pas eu de suite; mais je n'en suis pas moins désireux de savoir comment la chose s'est passée, si mon frère a eu des torts, et qu'elle a été sa conduite dans cette circonstance. »

« Tu vois, mon cher Lucien, d'après la conversation de l'abbé de Saint-Tropez, que je transcris fidèlement, quelle est la nature des renseignements que je te prie de m'envoyer pour les lui transmettre. Je n'ai rien à ajouter, si ce n'est que, tout en parlant avec la franchise qu'il te recommande, tu es assez prudent pour ne rien dire qui puisse blesser notre bon abbé. S'il y avait dans certaines parties de la conduite de son frère quelques écarts un peu risqués, quelques-unes de ces espiègleries d'écolier en goguette, comme cela n'arrive que trop souvent à nos jeunes débutants dans la compagnie, je t'engage à les couvrir d'un voile discret, ou même à les supprimer entièrement si le cas était grave; sans cela, je serais obligé de ne pas communiquer ta lettre, comme je l'ai promis, ce qui produirait un mauvais effet, et pourrait faire supposer les choses plus sérieuses qu'elles ne le seraient réellement.

« Sur ce, je te serre cordialement la main en attendant une prompte réponse. »

Lucien de Saint-Florent à Amédée de Valsain.

Toulon, ce 1er décembre 1742.

« Mon cher Amédée,

« Je commence par te dire que je n'éprouve pas le moindre embarras à te répondre, et que je n'aurai besoin ni de voile ni de précautions oratoires pour déguiser ce que j'ai à te raconter. S'il y avait eu dans la conduite de M. de Suffren quelque chose qu'il eût été nécessaire de dissimuler ou d'atténuer, j'aurais refusé de me charger de ta commission, et je t'aurais répondu simplement : Je ne suis pas en mesure de te donner les renseignements que tu me demandes; adresse-toi, si tu veux, à un autre. Mais, loin de me contrarier, la tâche que tu me donnes me fait un véritable plaisir, puisqu'elle me fournit l'occasion de rendre témoignage en faveur d'un jeune homme qui, depuis son arrivée ici, a su conquérir l'estime de tous, et avec lequel j'ai eu le bonheur de me lier d'une étroite amitié. Je lui ai souvent parlé de toi, et il attend avec impatience ton retour ici pour faire ta connaissance, surtout maintenant qu'il sait que tu as fait celle de son frère. Après ce préambule nécessaire, j'arrive à l'objet de cette lettre.

« Les premiers moments de l'arrivée de M. de Suffren ici ont dû lui être un peu pénibles à passer; du reste, il m'en a fait l'aveu lui-même. Cela tient à la première éducation qu'il a reçue. Sans doute il avait été parfaitement élevé en famille; il avait reçu, de maîtres et de professeurs de mérite, une excellente instruction, supérieure peut-être à celle qu'on donne dans les meilleurs colléges; mais ce qui lui manquait, ce que d'ailleurs n'aurait pu lui donner la plus parfaite éducation privée, c'était l'habitude de la vie en commun, habitude que procure seule la vie de collége ou l'éducation publique, parce qu'elle met un jeune homme en contact continuel, en relations nécessaires avec un grand nombre d'autres jeunes gens de son âge, de caractères, de goûts, d'instincts différents. De là cette timidité excessive, cet embarras qu'il montrait dans les commencements, et qui semblait paralyser sa langue. Il rougissait comme une jeune fille quand on lui adressait la parole; il ne répondait que par monosyllabes, comme s'il eût cherché ses mots ou qu'il eût craint de dire une sottise. Ajoutons à cela une tenue modeste et réservée, qui n'allait guère avec l'uniforme de garde de la marine.

« Tu connais l'esprit railleur de nos camarades. Le nouveau venu fut pendant quelques jours le sujet de quolibets et d'épigrammes plus ou moins spirituels. Les uns l'appelaient *mademoiselle* de Suffren, les autres prétendaient que c'était un séminariste déguisé en garde-marine. Parmi ces mauvais plaisants se distinguait le grand de Bloussac, tu sais, cette espèce de gentilhomme gascon qui ne doute de rien, qui sait tout sans avoir jamais rien appris, et qui a la prétention de donner le ton à toute la compagnie, et de la diriger à son gré. Il excelle surtout dans ce genre de plaisanterie qui consiste à abuser de la crédulité de quelqu'un pour s'amuser à ses dépens, et auquel on a donné le nom de *mystification* (1). Il se promettait donc, et il promettait à ses intimes, de saisir la première occasion pour se divertir aux dépens du jeune novice, en lui jouant quelque tour de sa façon. Cette occasion ne tarda pas à se présenter.

« On attendait prochainement l'arrivée d'un inspecteur général de la marine, chargé de faire subir aux gardes des examens pour établir leur degré d'instruction, et les inscrire ensuite sur la liste des promotions par ordre de mérite. Dans

(1) Ce mot, ainsi que ceux de *mystifier* et de *mystificateur*, date, en effet, de cette époque. Ce genre de plaisanterie a été fort en usage dans la seconde moitié du XVIIIe siècle et dans le commencement du XIXe. Il y avait alors des mystificateurs en titre, et c'était en quelque sorte un état dans la société.

ces circonstances, comme tu sais, les élèves montrent plus d'assiduité qu'en tout autre temps aux leçons des professeurs, et ceux-ci n'épargnent rien pour stimuler le zèle de leurs auditeurs. Malheureusement ces examens, qui devraient être si féconds en bons résultats, ont dégénéré, comme tu le sais encore, presque en une simple formalité : la plupart de nos jeunes gens comptent plutôt, pour leur avancement, sur les protections qu'ils ont à la cour que sur les bonnes notes des examinateurs. Cependant, tout en n'attachant pas à ces examens l'importance qu'ils devraient avoir, les plus paresseux tiennent, par amour-propre, à ne pas rester bouche close aux questions qu'on pourrait leur adresser; c'est pourquoi, dans les huit à dix jours qui précèdent l'arrivée des examinateurs, on les voit travailler avec plus d'ardeur qu'ils n'en ont montré pendant une année entière.

« Les cours des différentes branches d'études étaient donc suivis régulièrement par tous les élèves. M. de Suffren s'y montrait un des plus assidus et des plus attentifs. De Bloussac y venait aussi; mais il y apportait toujours son air évaporé, et semblait plus occupé de chercher à s'amuser et à distraire ses camarades que d'écouter les paroles des professeurs.

Un jour, le professeur de mathématiques, qui avait résumé dans les leçons précédentes son enseignement de l'année entière, interrogea ceux des élèves qui avaient suivi, ou qui étaient censés avoir suivi son cours dès le commencement, pour s'assurer du degré de leur instruction. Chacun répondit d'une manière plus ou moins satisfaisante aux questions les plus simples; de Bloussac lui-même ne s'en tira pas trop mal, sauf quelques erreurs, qu'il débitait avec son aplomb imperturbable, et qu'il rectifia avec la même assurance, grâce à l'intervention de quelques voisins complaisants qui lui soufflèrent ce qu'il devait dire. Mais quand on en vint aux questions plus difficiles, aux problèmes plus compliqués, un petit nombre seulement put donner des réponses suffisantes; le reste garda le silence. Enfin le professeur proposa un problème de géométrie transcendante, qui exigeait l'emploi du calcul différentiel et intégral. Plusieurs de ceux auxquels il s'adressa déclarèrent qu'ils ne se sentaient pas de force à résoudre ce problème. « Alors, reprit le professeur, que ceux d'entre vous qui se sentent capables se présentent au tableau. » Personne ne bougea. « Comment! Messieurs, s'écria-t-il avec un mouvement de surprise et de mécontentement marqué, aucun de vous ne peut répondre à une question aussi facile, et qui vous sera certainement présentée par l'examinateur; et cependant vous avez tous au moins une année d'études, quelques-uns mêmes en ont deux... Cela ne fera pas honneur à la compagnie de Toulon... Voyons, personne n'ose se présenter? »

« Ici de Bloussac et ses amis, à qui il avait donné le mot, firent entendre à plusieurs reprises le nom de Suffren, en ajoutant qu'il n'avait pas encore été interrogé. En entendant prononcer son nom, le jeune homme rougit jusqu'au blanc des yeux.

« — Messieurs, reprit le professeur, si je n'ai pas interrogé M. de Suffren, c'est que, étant nouvellement arrivé, il n'a pas suivi notre cours, et que je ne pouvais supposer qu'il fût au courant des matières que nous avons traitées ; s'il en est autrement, je ne demande pas mieux que de l'entendre résoudre ce problème, et je l'invite à venir au tableau.

« — Allez, allez-y donc, » dirent de Bloussac et ses acolytes; ceux même qui se trouvaient plus près de lui le poussaient. M. de Suffren sembla hésiter d'abord; il se leva à demi, puis il se rassit. Alors on entendit de tous côtés des rires étouffés, et plusieurs voix disaient : « Il ira... ; » d'autres répondaient : « Il n'ira pas... » L'embarras du pauvre jeune homme redoublait l'hilarité de ses persécuteurs, que la présence du professeur était impuissante à contenir. Enfin, il se leva tout à coup, comme mû par un ressort invisible, et il s'avança résolûment jusqu'au tableau. « Ah ! nous allons rire, » dit Bloussac; et ses voisins riaient d'avance de la scène grotesque qu'ils s'attendaient à voir.

« Cependant le professeur, en voyant approcher M. de Suffren, lui avait adressé quelques paroles d'encouragement, et lui avait demandé s'il se croyait, en effet, capable de résoudre le problème dont l'énoncé était tracé sur le tableau.

« — Je le crois, » avait répondu simplement le jeune homme; et, prenant d'une main l'éponge et de l'autre la craie, il se mit à tracer sans hésiter quelques figures de géométrie accompagnées de signes algébriques. En voyant ces figures exécutées d'une main ferme et assurée, les rieurs se turent, et chacun porta avec attention ses regards sur le tableau. Alors M. de Suffren voulut commencer sa démonstration; mais sa voix, encore affaiblie par l'émotion, n'arrivait que difficilement aux auditeurs placés sur les bancs de l'amphithéâtre. Quelques-uns des voisins de Bloussac crièrent : « Plus haut! plus haut !

« — Monsieur, reprit le professeur, parlerait assez haut si vous faisiez silence. Cependant je l'engage à élever la voix, et vous, Messieurs, je vous invite à l'écouter attentivement ; car, par la manière dont il s'y prend et par les premiers mots de sa démonstration, je vois qu'il a pris une bonne direction. »

A ces mots, il se fit dans la salle le plus profond silence.

« — Veuillez, Monsieur, dit le professeur en s'adressant à M. de Suffren, recommencer votre démonstration, en tâchant d'élever la voix de manière que ces messieurs ne perdent aucune de vos paroles. »

« Alors M. de Suffren, d'un ton clair et distinct, recommença la démonstration, et la poursuivit de la même manière jusqu'à la fin. Lui qui les jours précédents semblait chercher ses mots quand il fallait répondre à quelqu'un, s'exprimait maintenant avec une incroyable facilité ; les mots coulaient de sa bouche avec abondance et cependant avec sobriété. Jamais une expression inutile; toujours il employait le terme le plus juste et le plus propre à rendre sa pensée. D'abord on l'écouta par curiosité, puis avec surprise, puis avec intérêt, enfin avec admiration. Ce problème, qui avait fait partie de notre cours, dont tout le monde avait entendu de la bouche du professeur l'explication, mais sans la comprendre, était maintenant devenu parfaitement intelligible pour tous, grâce au langage simple, clair et limpide du jeune démonstrateur.

« Quand il eut terminé, des applaudissements se firent entendre de toutes parts, même parmi les amis de Bloussac. Cependant le mystificateur, qui se trouvait mystifié lui-même par ce résultat inattendu, voulut protester et chercher à amoindrir le triomphe de celui qu'il avait pris en grippe. « Ce n'est pas difficile ce qu'il vient de faire, dit-il à demi-voix à ses voisins : il avait appris cela peu de temps avant de venir ici; ce n'est donc qu'un exercice de mémoire, c'est un perroquet qui récite sa leçon. »

« Le professeur, comme s'il eût entendu ou qu'il eût deviné l'insinuation malveillante de Bloussac, détruisit bientôt l'effet qu'elle aurait pu produire en disant à M. de Suffren ; « Vous avez parfaitement résolu le problème que j'avais proposé, et je ne puis que joindre mes applaudissements à ceux de ces messieurs. Je vois que vous avez fait d'excellentes études préparatoires, et que vous pouvez suivre avec distinction les cours les plus avancés de l'École de marine. Seulement, pour m'assurer du degré de votre instruction, permettez-moi de vous faire d'autres questions; ce sera en même temps une leçon utile à vos condisciples. »

« Alors il adressa à M. de Suffren des questions sur toutes les parties de l'enseignement des mathématiques comprises dans le programme de l'École. Cette espèce d'examen dura plus de trois quarts d'heure, et M. de Suffren le soutint avec la même supériorité qu'il avait montrée dans le développement du premier problème.

« Ici la malveillance la plus ingénieuse eût été impuissante à trouver un moyen d'affaiblir le mérite du répondant. Aussi, quand le professeur eut cessé de le questionner, il lui adressa les félicitations les plus encourageantes, et de chaleureux applaudissements recommencèrent avec plus d'unanimité que la première fois. Si M. de Bloussac n'y prit aucune part, au moins garda-t-il le silence.

« En revenant à sa place, M. de Suffren reçut les félicitations empressées du plus grand nombre des gardes, et je fus un des premiers à lui serrer cordialement la main. A compter de ce moment, la glace fut rompue. On le rechercha avec autant d'empressement qu'on en avait mis peu, les jours précédents, à faire la connaissance d'un jeune homme dont la sauvagerie semblait vouloir repousser toutes les avances. On reconnut bientôt qae cette prétendue sauvagerie n'était qu'une timidité excessive qui craignait de se produire, et qui pourtant couvrait les plus belles qualités de l'esprit et du cœur.

« Cependant, tout en se montrant plein de reconnaissance pour la bienveillance qu'on lui témoignait, tout en cherchant à se maintenir avec tous dans les meilleures relations il s'est lié d'une manière plus particulière avec un petit nombre de gardes seulement, et je suis heureux et fier de faire partie de ce groupe intime.

« De Bloussac, le croirais-tu? a paru, lui aussi, vouloir se rapprocher de M. de Suffren en voyant le mouvement général qui s'opérait en sa faveur. Il est venu lui adresser ses compliments avec cette assurance imperturbable que tu lui connais. Ce qu'il y a de plus curieux, c'est qu'il a eu l'audace de vouloir lui donner à entendre que c'était à lui qu'il devait son triomphe. « Sans moi, lui disait-il avec sa fatuité habituelle, vous n'eussiez pas eu l'idée de demander au professeur de vous interroger. C'est moi qui vous ai nommé le premier; c'est moi qui vous ai, pour ainsi dire, poussé malgré vous à montrer au grand jour votre mérite, et à vous attirer ainsi l'estime et l'hommage qui vous sont dus. »

« M. de Suffren n'a pas été dupe de cette mystification d'un autre genre; il avait jugé le personnage, et savait parfaitement à quoi s'en tenir. Il se contenta donc de lui répondre : « Soyez persuadé, Monsieur, que j'ai su apprécier comme il convient le service que vous m'avez rendu, et que je ne l'oublierai pas. »

« De Bloussac parut se contenter de cette réponse à double sens. Pendant quelques jours il rechercha même, ou fit semblant de rechercher l'amitié de M. de Suffren; mais, voyant qu'il ne réussissait pas, il recommença à lancer des railleries contre lui et contre ceux qui se faisaient honneur d'être ses amis. Ceux-ci ripostèrent; il y eut quelques querelles qui auraient pu se terminer par une de ces rencontres malheureusement si fréquentes parmi les gardes de la marine, si de Bloussac était aussi brave en réalité qu'il l'est en paroles. Mais il est prudent, le Gascon;

il ne se hasarde qu'à bon escient, et il voulait sonder le terrain avant de s'y aventurer.

« Un jour donc, il y avait assaut d'armes à la salle d'escrime. L'assemblée était nombreuse, et plusieurs de nos chefs étaient dans la galerie. M. de Bloussac proposa à M. de Suffren de faire assaut avec lui ; celui-ci accepta, et la partie fut aussitôt engagée. Bloussac est un des meilleurs tireurs de l'École, il faut lui rendre cette justice ; de toutes les parties de l'enseignement que l'on donne ici, c'est celle qu'il a pratiquée avec le plus d'assiduité et de succès. M. de Suffren suivait cet exercice avec la même régularité qu'il apportait à tous les autres ; mais il n'y attachait pas la même importance.

« Dès qu'ils eurent croisé le fer, M. de Bloussac déploya, dans les premières passes, toute la grâce et la souplesse de son jeu. M. de Suffren, sous ce rapport, était loin d'égaler son adversaire ; il était ferme, bien posé sous les armes, son attitude était correcte, ses mouvements réguliers.

Dans les *engagements* et les *dégagements*, il se conformait scrupuleusement aux principes que lui avait enseignés le maître; mais son jeu était froid, contraint, sans élégance, sans animation, sans initiative. On eût dit qu'il se plaisait à faire ressortir les brillantes qualités de son antagoniste. Celui-ci, jugeant qu'il avait à faire à un novice timide et inexpérimenté, voulut profiter de ses avantages et l'accabler de sa supériorité. Cessant alors ses feintes, ses *trompements* d'épée, dans lesquels excellait son adresse, il se mit à attaquer vigoureusement son adversaire, et lui porta coup sur coup, et à l'improviste, plusieurs bottes qu'il ne put parer. « Mais parez donc ! criait Bloussac d'un air railleur; parez donc celle-ci..., et puis celle-là... » M. de Suffren, étourdi d'abord de cette attaque imprévue, rompit de quelques semelles; puis tout à coup sa figure s'anima, ses yeux lancèrent des éclairs. Il cessa de rompre, et, revenant à l'instant, il fondit comme la foudre sur son adversaire, le déconcerta, le força de rompre à son tour; et, après un beau dégagement à droite et à gauche, il lui porta un coup droit avec une telle rapidité et une telle force, que le fleuret se plia en demi-cercle sur la poitrine de Bloussac.

« Des applaudissements unanimes partirent de tous les points de la salle et des galeries. Bloussac jugea qu'il n'avait rien de mieux à faire que de joindre ses applaudissements à ceux de l'assemblée : « Très-bien, dit-il à M. de Suffren; voilà un très-beau coup, et digne d'un tireur consommé. J'avoue que je ne soupçonnais pas un jeune novice d'un ordre religieux d'être de cette force à l'épée.

« — Monsieur, répondit M. de Suffren, vous oubliez sans doute que l'ordre de Malte, auquel j'ai l'honneur d'appartenir, est un ordre tout à la fois religieux et militaire; c'est donc un devoir pour nous d'apprendre à manier les armes. »

« Ce sont très-probablement ces faits qui ont donné lieu au bruit d'une discussion, qui aurait pu occasionner un duel, entre M. de Suffren et un des gardes de la marine.

« D'ailleurs des événements plus sérieux vinrent bientôt faire oublier ces petits incidents. Ce fut d'abord l'arrivée de l'inspecteur général, qui fit à Toulon un séjour beaucoup plus prolongé que d'habitude, et qui apporta dans les examens une sévérité inusitée. M. de Suffren est un de ceux qui s'en sont le mieux tirés, et ses notes doivent être excellentes. Mais une nouvelle d'une importance bien autrement considérable est venue ces jours derniers nous faire battre le cœur de joie et d'espérance : la guerre va, dit-on, être déclarée à l'Angleterre, et nous allons enfin sortir de la longue inaction dans laquelle nous languissons depuis si longtemps. Si cette nouvelle est vraie, tu n'achèveras probablement pas ton semestre dans ta famille ; car il est question de rappeler tous les congés de semestre et de faire embarquer tous les gardes-marines. Dans ce cas, nous aurons le plaisir de te revoir beaucoup plus tôt que nous ne l'espérions. M. de Suffren attend ce moment avec impatience pour faire ta connaissance et causer amplement avec toi de son frère qu'il aime bien tendrement. En attendant, je pense que celui-ci n'apprendra pas sans intérêt les renseignements que je viens de te donner sur son cher Antoine, comme il l'appelle. *Vale*, et à bientôt.

« Ton ami,

LUCIEN DE SAINT-FLORENT. »

CHAPITRE I

Guerre entre la France et l'Angleterre. — Suffren est embarqué à bord du *Solide.* — Il assiste au combat naval de Toulon. — Son embarquement sur *la Pauline*, puis sur *le Trident.* — Il est nommé enseigne de vaisseau, et embarqué en cette qualité sur *le Monarque.* — Il est fait prisonnier de guerre. — Sa captivité cesse à la paix d'Aix-la-Chapelle.— Il se rend à Malte pour faire ses caravanes. — Il est reçu chevalier.

Depuis 1741 la France avait pris une part active à la guerre qui embrasait l'Europe à cette époque, à l'occasion de la succession d'Autriche. Une coalition s'était alors formée entre la France la Bavière, la Prusse, l'Espagne et la Saxe, contre Marie-Thérèse, fille de l'empereur Charles VI, et son héritière suivant l'acte qu'il avait promulgué de son vivant sous le nom de *pragmatique sanction*. L'Angleterre gardait, en apparence, la neutralité dans ce conflit; mais elle soutenait secrètement Marie-Thérèse, et lui fournissait des subsides. Enfin elle se déclara ouvertement en 1743, et commença les hostilités en envoyant une escadre de quarante-cinq navires de guerre de toutes grandeurs bloquer le port de Toulon, dans lequel une escadre espagnole était venue hiverner.

Cette escadre espagnole était commandée par don José Navarro, et était composée de douze bâtiments de guerre de différentes forces. L'escadre française de Toulon comptait quatorze vaisseaux; elle avait pour amiral un brave vieillard de quatre-vingts ans, nommé M. de Court. Ainsi les deux escadres alliées ne comptaient en tout que vingt-six vaisseaux, c'est-à-dire dix-neuf de moins que la flotte anglaise. Malgré leur infériorité numérique, les amiraux français et espagnol avaient résolu, lorsque l'occasion favorable s'en présenterait, d'attaquer les Anglais, et de tâcher de leur faire lever le blocus.

La nouvelle annoncée à son ami par

M. de Saint-Florent, dès la fin de 1742, était donc exacte; seulement elle ne se réalisa que dans le courant de l'année suivante. Mais, en prévision d'un événement regardé comme certain, on se hâta d'armer les vaisseaux qui se trouvaient dans le port de Toulon, et on exerça les équipages à la manœuvre. Comme l'avait prévu M. de Saint-Florent, tous les semestriers furent rappelés, et tous les gardes-marine furent répartis sur les divers bâtiments de l'escadre. M. de Suffren, M. de Saint-Florent et son ami M. de Valsain furent embarqués à bord du *Solide*, vaisseau de quatre-vingts canons. Nous n'avons pas besoin de dire avec quel plaisir M. de Suffren avait accueilli M. de Valsain, et avait écouté l'éloge que celui-ci lui avait fait de son frère l'abbé. Bientôt la plus étroite amitié lia ces trois jeunes gens, qui se distinguaient par des talents et des capacités différentes, mais par une égale assiduité à l'étude et par une conduite irréprochable.

Parmi les autres gardes-marine faisant

partie de l'équipage du *Solide* se trouvait M. de Bloussac, ce gentilhomme gascon dont la lettre de M. de Saint-Florent nous a fait faire la connaissance. Il ne songea pas, comme on le pense bien, à se lier avec le trio dont nous venons de parler, et qu'il nommait, en ricanant, *les trois sages de la flotte*. Du reste, il se trouvait bien malheureux depuis qu'il était à bord: la discipline était très-sévère, les exercices et les manœuvres de toute espèce occupaient tous les instants du jour, et souvent ceux de la nuit. Il n'y avait plus moyen de se livrer à ces distractions bruyantes, à ces parties de débauche auxquelles il employait presque tout son temps quand on était à terre. Pour se dédommager un peu, il ne trouvait d'autre moyen que de se plaindre à quelques-uns de ses compagnons de plaisir de leur triste sort d'aujourd'hui, et d'accuser l'ineptie et la sottise de leurs chefs, à commencer par ce vieux loup de mer, ce radoteur imbécile qui les commandait; — c'était ainsi qu'il désignait le brave et vénérable amiral de Court. — A quoi bon les fatiguer de ces manœuvres continuelles pendant que l'on était en rade ? Croit-on que cela donnera plus de courage aux hommes en présence de l'ennemi ? Cela ne servira qu'à épuiser leurs forces, et à les rendre incapables de manœuvrer quand il faudra le faire sérieusement. « Si cela continue, ajoutait-il, je demanderai à changer d'escadre, et, grâce à Dieu, j'ai assez d'influence au ministère pour l'obtenir quand je voudrai. Si je ne l'ai pas fait jusqu'ici, c'est parce qu'on se croyait à la veille d'une bataille, et que je ne voudrais pas avoir l'air de chercher à éviter de me battre. »

Suffren et ses amis étaient loin de se plaindre du régime du bord ; ils y voyaient l'application pratique des théories qu'on leur avait enseignées, et ils reconnaissaient combien cette pratique était indispensable pour leur faire acquérir l'expérience nécessaire au métier de marin.

Lorsque l'escadre espagnole vint hiverner dans la rade de Toulon, l'amiral on José Navarro jugea aussi nécessaire d'exercer ses matelots et ses canonniers, qui étaient loin d'avoir autant d'expérience que les marins anglais qu'il s'apprêtait à combattre. Il y eut alors émulation entre les escadres alliées, qui rivalisaient à qui manœuvrerait le mieux.

Si ces exercices, qui durèrent plus longtemps que ne l'auraient voulu ceux qui, comme de Bloussac et ses amis, trouvaient ce service trop pénible, les vaisseaux anglais, de leur côté, étaient bien autrement fatigués de tenir la mer pendant cette mauvaise saison; quelques-uns même avaient tellement souffert, qu'ils étaient presque hors de service. C'était bien ce qu'avaient prévu les amiraux français et espagnol; et, jugeant que cet affaiblissement de l'escadre anglaise avait à peu près égalisé les forces, ils n'attendaient plus qu'un vent favorable pour attaquer l'ennemi.

Enfin, le 22 février 1744, ce vent, si longtemps attendu, s'éleva, comme le désiraient nos marins. Aussitôt le signal d'appareiller est donné, et la flotte alliée sort de la rade de Toulon, et s'avance à toutes voiles contre la flotte ennemie. L'escadre espagnole tenait la droite, et avait pour adversaire l'amiral Matthews, qui commandait en chef la flotte anglaise; l'amiral de Court tenait la gauche avec l'escadre française, et se trouvait opposé à l'amiral Lestock, qui commandait en second une division anglaise. Matthews attaqua vigoureusement l'escadre espagnole, tandis que Lestock et de Court manœuvraient sans se joindre, et se canonnaient hors de portée. Il n'y eut que *le Solide* qui se trouva sérieusement engagé avec *le Northumberland*. Ces deux vaisseaux, n'étant qu'à demi-portée de canon, échangèrent plusieurs bordées, et se rapprochèrent bientôt au point que les Français se disposaient à l'abordage; mais *le Northumberland*, voyant qu'il se trouvait séparé de son escadre, et que deux autres vaisseaux français faisaient force de voiles pour lui couper la retraite, se hâta de prendre chasse, et de rallier son amiral. Les vaisseaux français se mirent à sa poursuite; mais une brume épaisse, et la nuit, qui survint, firent perdre de vue *le Norhumberland,* et séparèrent les autres combattants sans que la victoire se fût déclarée pour l'une ou l'autre flotte.

Le combat naval de Toulon eut des résultats plus funestes pour deux des chefs qu'il n'en avait eu pour les armées qu'ils commandaient. Les Anglais mirent en jugement leurs amiraux sur leurs accusations réciproques; car il existait entre Matthews et Lestock une jalousie qui avait dégénéré en haine ouverte et passionnée. Ce fut Matthews qui fut condamné pour avoir donné à Lestock l'ordre de se retirer, lorsqu'il voulait renouveler l'attaque le lendemain. De leur côté, les Espagnols, dont trois vaisseaux avaient été horriblement maltraités dès le premier choc contre l'escadre de Matthews, éclatèrent en reproches contre M. de Court, quoiqu'il eût montré autant d'habileté que de vaillance, et ils réussirent à le faire disgracier, tandis qu'ils donnaient à leur amiral Navarro le titre de marquis de la Victoire.

Revenons à notre héros. Il s'était trouvé, comme nous l'avons vu, sur le seul bâtiment de la flotte française qui eût à soutenir un engagement sérieux avec l'ennemi. Tous les gardes de la marine, à bord du *Solide*, montrèrent sans doute un courage intrépide; seulement les uns semblaient s'enivrer par l'odeur de la poudre, et s'abandonnaient à une exaltation qui ne les rendait plus maîtres d'eux-mêmes; d'autres, comme Bloussac, affectaient une gaieté extraordinaire, et fredonnaient, peut-être pour s'étourdir, des ariettes d'opéra. Suffren seul resta calme à son poste de combat pendant toute l'action, exécutant les ordres qu'il recevait, ou transmettant ceux dont on le chargeait, avec le même sang-froid que s'il eût été à l'exercice ou à une revue dans la rade. Il ne paraissait pas s'apercevoir de tout le fracas qui se faisait autour de lui. Les explosions de l'artillerie, le sifflement des projectiles de toute espèce, le grincement des manœuvres, le trouvaient impassible. Seulement, au moment où le combat était le plus animé, et où les deux vaisseaux rapprochés à quelques encâblures, s'envoyaient des bordées coup sur coup, de Suffren remarqua, pour la première fois, que certains projectiles, lancés par les canons ennemis contre le gréement du *Solide*, déchiraient l'air avec un bruit aigre et strident qu'il n'avait pas encore entendu. « Qu'est-ce cela ? demanda-t-il froidement à un vieux matelot, qui se trouvait près de lui.

— Mon officier, répondit le marin, ce sont des boulets ramés (1).

— Ah! très-bien; merci, matelot. » Et il continua tranquillement de combattre à son poste.

M. de Bloussac, placé à quelques pas de M. de Suffren, avait entendu la question de celui-ci et la réponse du marin. Il dit alors à M. de Suffren : « C'est vraiment un bruit assourdissant, infernal,

(1) On appelle ainsi des boulets composés de deux demi-globes de fer joints par une barre ou par une chaîne. Ces boulets sont surtout employés pour détruire le gréement du navire ennemi, dont ils coupent les cordages, les mâts, les voiles, etc.

que celui de ces boulets ramés. Il paraît que cela vous a un peu ému.

— Moi? pas plus que le sifflement des biscaïens et des autres boulets.

— Alors pourqui avez-vous adressé cette question au matelot?

— Parce que lorsque j'entends pour la première fois une musique, j'aime à savoir le nom des instruments qui servent à l'exécuter. »

Après la bataille de Toulon, la flotte française rentra dans le port, et fut en partie désarmée. M. de Suffren fut embarqué sur la frégate *la Pauline*, qui fut envoyée aux Antilles pour le service de ces colonies. En 1745, *la Pauline*, se trouvant à la Martinique, eut à soutenir un combat contre une frégate anglaise et un brick hollandais. Dans cette rencontre, M. de Suffren fit preuve de cette résolution, de cette intrépidité calme et de ce sang-froid qu'il avait déjà montrés à bord du *Solide*, et qui faisaient présager ce qu'il devait être un jour.

Après ce combat, *la Pauline*, qui avait beaucoup souffert, revint en France, où elle fut désarmée. M. de Suffren fut alors envoyé à Brest pour être embarqué sur *le Trident*. L'escadre dont ce vaisseau faisait partie fut, à la suite d'une entreprise infructueuse contre la colonie anglaise d'Annapolis, dispersée par la tempête et attaquée par une armée supérieure en force. La plupart des vaisseaux qui la composaient tombèrent au pouvoir de l'ennemi; mais *le Trident* fut du petit nombre de ceux qui réussirent à lui échapper.

En 1747, Suffren fut nommé enseigne de vaisseau, en récompense de sa belle conduite dans les diverses campagnes auxquelles il avait pris part. Il passa alors sur *le Monarque*, dans l'escadre de M. de l'Estenduère. Malheureusement la marine française était alors dans un état d'infériorité déplorable; cette année vit consommer sa ruine dans nos parages, et sa faiblesse numérique achevait l'œuvre commencée par l'incapacité de ses amiraux, qui devaient, pour la plupart, leur avancement non au mérite, mais aux faveurs de la cour. Au mois de mai, le chef d'escadre la Jonquière, chargé d'escorter, avec cinq vaisseaux de ligne, un riche convoi marchand, fut rencontré, à la hauteur du cap Finistère (Galice) par seize vaisseaux de ligne anglais que commandait l'amiral Anson. La Jonquière sauva la plus grande partie de la flotte marchande par l'opiniâtreté de sa résistance ; mais il fut forcé de se rendre avec ses vaisseaux de guerre et sept navires de la compagnie des Indes qui avaient pris part à l'action. Cette journée coûta à la France quatre mille marins, et la valeur d'une vingtaine de millions en effets et en bâtiments.

Nos marins restés dans le port de Brest apprirent ce désastre en frémissant et en jurant de le venger. Hélas ! ce ne devait être qu'au prix d'un nouveau désastre. Dans le courant d'octobre, M. de l'Estenduère reçut l'ordre d'escorter, avec neuf vaisseaux de ligne, un convoi de deux cent cinquante-deux voiles marchandes. *Le Monarque,* où se trouvait

Suffren, faisait partie de cette escadre. A la hauteur de l'île d'Aix, la flotte française fut attaquée par l'amiral Hawke, qui avait sous ses ordres vingt-trois vaisseaux. L'Estenduère et ses marins ne furent pas moins braves, mais un peu moins malheureux que la Jonquière et les siens. Le convoi tout entier fut sauvé; mais l'Estenduère perdit sept de ses vaisseaux de guerre, et se fraya une glorieuse retraite avec les deux derniers, grâce au dévouement d'un capitaine qui, pouvant gagner le large, était venu joindre son chef à travers toute la flotte ennemie pour le sauver ou périr avec lui.

Le Monarque avait été du nombre des vaisseaux tombés au pouvoir des Anglais. Tout son équipage, dont Suffren faisait partie, fut emmené prisonnier en Angleterre. Leur captivité ne dura pas longtemps. Dès la fin de l'année 1747, des négociations furent ouvertes à Aix-la-Chapelle? enfin le traité fut signé l'année suivante, et la liberté fut rendue aux prisonniers de guerre.

La paix d'Aix-la-Chapelle semblait condamner Suffren au repos; mais l'oisiveté ne pouvait convenir à son activité naturelle. Il résolut de profiter du loisir que lui faisait la paix pour se rendre à Malte, et se préparer à prendre ses degrés dans l'ordre de Saint-Jean de Jérusalem, auquel il était affilié. Rappelons en peu de mots à nos lecteurs l'origine de cet ordre célèbre.

L'ordre des *frères Hospitaliers*, nommés aussi *chevaliers de Saint-Jean de Jérusalem*, fut établi à Jérusalem après la prise de cette ville par les croisés, en 1099, par Gérard Tom, de Martigues en Provence. Il avait pour but de recevoir les pèlerins, de pourvoir à leurs besoins et de les soigner dans leurs maladies. Il se chargea bientôt (1121), sur la proposition de Raymond du Puy, deuxième grand maître, de les défendre par les armes contre les attaques des infidèles, et devint ainsi un ordre à la fois religieux et militaire; il suivait la règle de Saint-Augustin.

Après la prise de Jérusalem par Saladin

(1188), les hospitaliers se retirèrent successivement à Acre, puis à Rhodes (1310). Chassés de cette île en 1522, par Soliman, après un long siége et une défense mémorable, ils s'établirent en 1530, dans l'île de Malte, que Charles-Quint leur avait cédée. Ils furent, depuis cette époque, connus sous le nom de *chevaliers de Malte,* et furent encore pendant trois siècles la terreur des infidèles. Le général Bonaparte, allant en Égypte, s'empara de Malte en 1799, et l'ordre n'exista plus dès lors que de nom.

Depuis son établissement à Malte, cet ordre, brillant à la fois par l'éclat des armes, par la noblesse et les richesses, avait rendu d'importants services à la chrétienté. Il était encore dans tout l'éclat de sa gloire vers le milieu du siècle dernier, époque où le jeune de Suffren se rendit à Malte, comme nous l'avons dit, pour y prendre ses premiers degrés.

Les chevaliers, considérés comme religieux, étaient partagés en trois classes : 1° les chevaliers de justice; 2° les chapelains et prêtres d'obédience ; 3° les frères servants, Les chevaliers de justice devaient être d'une ancienne noblesse ; les chapelains étaient, de droit, attachés à l'église primatiale du grand hôpital ou à bord des vaisseaux de l'ordre ; les frères servants d'armes, qui n'étaient ni prêtres ni chevaliers, servaient à la fois à la guerre ou à l'infirmerie sous les ordres des chevaliers. C'étaient, en quelque sorte, les simples soldats de l'ordre, dont les chevaliers étaient les officiers.

Nous n'avons pas besoin de dire que Suffren appartenait, par la naissance, à la première classe dont nous venons de parler. Cette classe se recrutait principalement parmi les jeunes cadets de familles nobles que leurs parents, pour avantager l'aîné, faisaient entrer dans l'ordre de Malte ; c'était le cas du jeune Suffren. Du reste, il entra volontiers dans les vues de sa famille, et il s'empressa d'accomplir toutes les formalités exigées pour sa réception dans l'ordre.

La première obligation du récipiendaire était, après avoir contracté un premier engagement comme novice, de faire *quatre caravanes*, c'est-à-dire quatre campagnes de six mois au moins chacune contre les infidèles. Cette condition convenait parfaitement à Suffren, qui se promettait d'utiliser ces épreuves pour se perfectionner dans les diverses parties de la navigation.

Après donc avoir accompli d'une manière on ne peut plus satisfaisante toutes les épreuves qui lui avaient été imposées, il fut reçu chevalier de l'ordre. La cérémonie avait lieu en présence du chapitre assemblé à cet effet. Une messe solennelle était célébrée. Le récipiendaire recevait la communion des mains du célébrant; puis, tendant les deux mains sur le missel qu'un diacre lui présentait, il faisait sa profession en ces termes : « *Moi* (il pro- « nonçait ses nom et prénoms), je fais « vœu et promesse à Dieu tout-puissant, « et à la bienheureuse Marie toujours « vierge, Mère de Dieu, et à saint Jean- « Baptiste, de rendre dorénavant, moyen-

« nant la grâce de Dieu, une vraie obéis-
« sance au supérieur qu'il lui plaira de
« me donner, et sera choisi par notre re-
« ligion; de vivre sans propriété, et de
« garder la chasteté. »

Le frère servant chargé de la réception du candidat répondait : « Nous vous re-
« connaissons pour serviteur de messieurs
« les pauvres malades, et consacré à la
« défense de l'Église catholique. »

M. de Suffren fut reçu chevalier dans le courant de l'année 1752 ou 1753, sans que nous puissions mieux préciser la date de sa réception.

La hiérarchie de l'ordre de Saint-Jean de Jérusalem était composée : 1° d'un grand maître, chef absolu de l'ordre, ne reconnaissant d'autre chef sur terre que le pape. 2° Un grand commandeur, qui était, en quelque sorte, le vice-grand-maître. 3° Les grands prieurs : c'étaient de hauts dignitaires, revêtus d'un bénéfice appelé *prieuré*. Dans chaque *langue* (c'était ainsi qu'on appelait les différents pays ou divisions de l'ordre), il y avait des grands prieurs. La *langue* de France en comptait trois : le grand prieur de Champagne, le grand prieur d'Auvergne, le grand prieur de Provence. Les grands prieurs présidaient aux assemblées provinciales de leur grand prieuré; ils avaient le droit de conférer, tous les cinq ans, une commanderie à qui leur plaisait. 4° Les baillis ou bailes. Cette dignité mettait le chevalier qui en était revêtu au-dessus des commandeurs, et lui donnait le privilége de porter la grand'croix de l'ordre. Dans les chapitres provinciaux, les baillis étaient rangés immédiatement après les grands prieurs. 5° Les commandeurs. On donnait ce nom à ceux des chevaliers qui étaient pourvus d'une commanderie. Venaient ensuite les simples chevaliers et les frères servants, dont nous avons parlé.

M. de Suffren obtint plus tard le titre de commandeur; puis il fut élevé à la dignité de bailli, qu'il conserva toute sa vie. De là vient que dans l'histoire on le désigne ordinairement sous le nom de bailli de Suffren.

CHAPITRE II

La guerre éclate de nouveau entre la France et l'Angleterre. — Le chevalier de Suffren est embarqué sur *le Dauphin-Royal*. — Il est nommé lieutenant de vaisseau et embarqué sur *l'Orphée;* il prend part à l'expédition de Mahon. — Embarqué sur *l'Océan,* il est encore une fois fait prisonnier. — A son retour de captivité, il commande différents petits bâtiments. — Nommé capitaine de frégate, il est chargé de divers commandements en cette qualité. — Il se rend à Malte, où, après plusieurs croisières, il est élevé au grade de commandant. — Il est nommé capitaine de vaisseau, et, pendant plusieurs années, il est chargé de faire des campagnes d'évolution pour l'instruction des jeunes marins. — Il prend part à la guerre pour l'indépendance de l'Amérique dans l'escadre du comte d'Estaing. — Sa brillante conduite à New-Port et à la Grenade. — Au retour de cette expédition, le commandeur de Suffren est nommé chef d'escadre, c'est-à-dire contre-amiral.

Le nouveau chevalier ne quitta Malte pour venir à Toulon que sur la fin de 1754. Le bruit qui s'était répandu que de nouvelles hostilités allaient éclater entre la France et l'Angleterre l'avait déterminé à venir se mettre au service de sa patrie.

En effet, depuis le traité d'Aix-la-Chapelle, les Français et les Anglais n'avaient pu s'entendre au sujet des limites de l'Acadie et de la Nouvelle-Écosse, ainsi que du haut Canada. Les discussions s'aigrirent de plus en plus, et dès le mois de mai 1754 des hostilités avaient éclaté entre les colons des deux nations, établis dans cette partie de l'Amérique, assez longtemps avant que les deux gouvernements eussent pris la résolution de se faire la guerre. En même temps, et malgré la paix officielle, d'autres luttes s'engageaient dans l'Hindoustan entre les marines des deux nations. Ce n'étaient encore que des escarmouches, mais qui, semblables à ces éclairs qu'on aperçoit en même temps sur plusieurs points de l'horizon présageaient un orage qui devait bientôt embraser le monde.

Les Anglais repoussèrent les différentes offres d'arrangement qui leur furent faites : le peuple de Londres demandait la guerre avec emportement. Les ministres anglais, tout en continuant à donner l'assurance du maintien de la paix, avaient fait partir, dès le mois de janvier 1755, une escadre pour conduire en Virginie le général Braddock, chargé de conquérir le Canada. Le cabinet de Versailles se décida enfin à faire partir à son tour, au mois d'avril, une escadre portant un nouveau gouverneur au Canada, avec trois mille soldats. Le chevalier de Suffren obtint de faire partie de cette expédition, et il fut embarqué sur *le Dauphin-Royal.*

La flotte française avait été devancée par une seconde escadre anglaise aux ordres de l'amiral Boscawen, qui se posta près de la pointe sud-est de Terre-Neuve, afin d'attaquer l'escadre française au passage. Grâce aux brouillards qui règnent si fréquemment sur cette côte, le gros de la flotte française passa à portée des Anglais et entra dans le Saint-Laurent sans être aperçue. Trois vaisseaux avaient été séparés de la flotte : c'était *l'Alcide, le Lys* et *le Dauphin-Royal,* que montait le chevalier de Suffren. Ces trois vaisseaux marchaient isolément en cherchant à rallier le gros de la flotte, lorsque, arrivés à la pointe de Terre-Neuve, les deux premiers, qui étaient un peu plus en avant, tombèrent au milieu de la flotte anglaise et furent enlevés après une vigoureuse résistance (8 juin 1755). *Le Dauphin-Royal* évita le même sort, grâce à la supériorité de sa marche, et il parvint à se réfugier dans le port de Louisbourg; de là il revint plus tard à Brest sans accident.

L'attaque perfide de Terre-Neuve fut comme un signal qui déchaîna les corsaires anglais sur toutes les mers. Deux cent cinquante navires marchands, valant une trentaine de millions, et naviguant en toute sécurité, furent surpris avant toute déclaration de guerre et emmenés dans les ports d'Angleterre. Quoique les Anglais eussent commis plus d'une fois de déloyales surprises sur les mers, le monde civilisé n'avait pas encore vu de violation du droit des gens comparable à cette gigantesque piraterie.

Cette conduite des Anglais avait jeté la France dans une indignation profonde; mais personne ne ressentait plus cette indignation que nos marins. Malgré l'énorme inégalité de nos forces navales, comparées à celles de nos adversaires, tous, depuis les amiraux jusqu'aux simples matelots, brûlaient d'en venir aux mains avec cet ennemi perfide. Le gouvernement français parut enfin se réveiller de sa torpeur; la marine royale, toute ruinée en 1748, s'était relevée dans des proportions bien insuffisantes, il est vrai, vis-à-vis des masses formidables entassées dans les ports de l'Angleterre; on redoubla d'efforts : des armements considérables à Brest et au Havre, des troupes nombreuses réunies dans les ports de la Manche, firent craindre aux Anglais une descente sur leurs côtes. Une panique générale attesta que l'Angleterre, si guerrière sur l'Océan, l'était toujours fort peu sur son territoire.

Ces menaces de descente en Angleterre donnèrent le change à l'ennemi sur les véritables projets du gouvernement français. Tandis que l'Angleterre portait toute son attention sur nos côtes de Bretagne et de la Manche, une escadre de douze vaisseaux de ligne, commandés par le marquis de la Galissonnière, escortant cent cinquante transports chargé de douze mille hommes aux ordres du maréchal de Richelieu, se dirigeait sur l'île de Minorque. Le chevalier de Suffren qui venait d'être nommé lieutenant de vaisseau, faisait partie de cette expédition, et était embarqué sur le vaisseau *l'Orphée*.

Port-Mahon, dans l'île de Minorque, était une forteresse dont les Anglais s'étaient emparés pendant la dernière guerre. C'était une position offensive beaucoup plus redoutable que Gibraltar même; car de ce poste, heureusement placé pour servir de relâche et d'arsenal aux flottes anglaises, on menaçait les côtes d'Espagne, de France et d'Italie, et l'on dominait tout le bassin occidental de la Méditerranée. Le point d'attaque était donc bien choisi, et l'on ne pouvait porter un coup plus sensible à l'Angleterre que de lui enlever cette position. Le choix du chef maritime n'était pas moins digne d'éloge : le marquis de la Galissonnière était, sans contredit, notre meilleur marin.

L'expédition française parut, le 17 avril 1756, devant l'île de Minorque; elle opéra sa descente le lendemain, et s'empara sans coup férir de Ciudadela. Puis les Français se portèrent snr Mahon, capitale de l'île. Les Anglais évacuèrent Mahon, et se concentrèrent dans le fort Saint-Philippe, vaste citadelle qui commande l'entrée du bras de mer qui forme le Port-Mahon. L'armée de terre commença aussitôt le siége de cette forteresse, tandis que la Galissonnière, pour empêcher cette place d'être secourue, avait établi sa croisière entre Majorque et Minorque. Il y avait déjà plus de huit jours que le canon français battait en brèche les ouvrages avancés de la forteresse, lorsque, le 19 mai, parut enfin une escadre de secours. Elle était commandée par l'amiral Byng, et se composait de treize vaisseaux, tandis que l'escadre française n'en comptait que douze. Elle attaqua le 20 mai, ayant le dessus du vent. L'avant-garde française, qui en vint la première aux mains, fut assez maltraitée; l'ennemi cependant ne chercha point à en profiter; son but était de couper et d'accabler l'arrière-garde, afin de s'avancer jusqu'aux grèves du fort Saint-Philippe. Il porta tous ses efforts de ce côté. La Galissonnière comprit l'intention de son adversaire, et serra si bien sa ligne qu'il fut impossible aux Anglais de s'y faire jour. La canonnade ne fut point à leur avantage; l'artillerie de marine française avait sur la leur une supériorité de feu remarquable; leurs manœuvres étaient hachées, et trois de leurs vaisseaux faisaient des voies d'eau à couler bas; l'un d'eux, *l'Intrépide*, avait eu son mât de beaupré emporté pendant l'action, et sa chute le mit hors d'état de manœuvrer pendant quelque temps. Voyant ce vaisseau en danger d'être pris, Byng fit cesser le feu après un combat de quatre heures, et opéra sa retraite. Le marquis de la Galissonnière, contrarié par le vent, et d'ailleurs, fidèle à ses instructions qui lui prescrivaient de tout subordonner au succès du siége, ne voulut point s'écarter de Port-Mahon, et laissa l'ennemi regagner Gibraltar. Le fort Saint-Philippe, qui avait une tranchée ouverte depuis le 10 mai, se rendit le 27 juin, à la suite d'une attaque générale.

Cette conquête produisit, chez les deux nations, l'effet qu'on devait attendre de la différence de leur caractère. Ce fut une véritable ivresse à Paris et dans toute la France : on avait enfin dignement répondu aux insultes de l'Angleterre! Tous ceux qui avaient pris part à l'expédition, marins et soldats, étaient fêtés avec enthousiasme; malheureusement, l'un des héros de cette expédition ne jouit pas de la reconnaissance de ses concitoyens. Le marquis de la Galissonnière tomba malade en se rendant à Fontainebleau, et mourut à Nemours le 26 octobre 1756.

La joie de la France donna la mesure de la fureur, ou plutôt de la rage des Anglais. Cette marine, qui faisait leur orgueil, sur laquelle ils se reposaient pour la défense de leurs foyers, s'était retirée devant une flotte inférieure en nombre! Ils avaient cru qu'il ne s'agissait pour eux que d'aller à la proie, et ils se voyaient arracher leurs plus précieuses possessions! Le déchaînement populaire fut effroyable. Il fallait une victime. Les ministres, épouvantés, livrèrent l'amiral Byng à un conseil de guerre, qui le condamna à mort. Il fut fusillé le 14 mars 1757, aux acclamations de la populace.

Le chevalier de Suffren s'était distingué d'une manière particulière dans cette bataille de Mahon, où tout le monde avait fait son devoir. Le rapport du commandant de *l'Orphée* l'avait signalé à son chef d'escadre comme s'étant conduit avec un sang-froid, une intrépidité et une intelligence hors ligne. Le marquis de la Galissonnière avait promis de le recommander chaleureusement au ministre de la marine; mais la mort qui le surprit, comme nous l'avons vu, ne lui permit pas d'appuyer ses recommandations par lui-même. Ses rapports et ceux des capitaines sous ses ordres parvinrent bien au ministère; mais ils restèrent longtemps enfouis dans les cartons, jusqu'à ce que d'autres exploits de M. de Suffren ayant attiré l'attention sur lui, on rechercha dans son dossier les antécédents remarquables de cet officier, appelé à devenir l'honneur de la marine française.

Pendant les trois ans qui suivirent la prise de Port-Mahon, le chevalier de Suffren fut embarqué sur divers bâtiments employés soit à convoyer des navires marchands, soit à croiser sur différents points; mais aucun des vaisseaux qu'il monta pendant ce temps n'eut occasion de se signaler par quelques faits dignes d'être racontés.

En 1759 il reçut l'ordre de se rendre à Toulon, où l'amiral de la Clue venait d'armer une escadre dont la destination n'était pas bien connue. On disait qu'elle devait être envoyée aux Indes orientales; mais le fait est qu'elle avait pour but, conjointement avec l'escadre de Brest, de protéger des vaisseaux de transport qui devaient conduire un corps d'armée destiné à opérer une descente en Angleterre. Mais les Anglais avaient sur tous les points des flottes nombreuses qui observaient avec soin les moindres mouvements de nos armées navales.

La Clue avait à Toulon douze vaisseaux de ligne et trois frégates. Il prit la mer le 14 août, se flattant d'échapper à l'escadre anglaise commandée par l'amiral Boscawen, chargé de le combattre, et qui avait été obligé de rentrer à Gibraltar pour réparer des avaries éprouvées par ses vaisseaux. La Clue, monté sur *l'Océan*, où était embarqué le chevalier de Suffren, serrait de près la côte d'Afrique; déjà il avait dépassé Ceute, lorsque Boscawen, averti de sa marche, se mit à sa poursuite avec quatorze vaisseaux de ligne et plusieurs frégates. Si la Clue avait formé sa ligne et présenté résolûment la bataille, le sort des armes aurait été au moins douteux. Il crut, au contraire, pouvoir échapper à un engagement en forçant de voiles; il fut atteint le 18 août, vis-à-vis le cap de Lagos en Portugal; mais ses vaisseaux épars ne purent présenter qu'une faible résistance. Dès le commencement du combat, l'amiral la Clue fut blessé mortellement par un boulet de canon qui lui emporta les deux jambes. *L'Océan* avec *le Redoutable* se réfugièrent dans le port de Lagos, où ils furent bientôt suivis par *le Centaure* et *le Modeste*, deux des plus beaux vaisseaux de l'escadre. Ils se croyaient en sûreté dans ce port, appartenant à une puissance neutre; mais les Anglais, sans respect pour le pavillon portugais, vinrent attaquer les Français jusque sous les forts. *L'Océan* et *le Redoutable* s'échouèrent à la côte, où ils furent brûlés; *le Centaure* et *le Modeste* furent pris, et le reste de l'escadre se réfugia avec peine dans la rade de Cadix.

Les équipages des quatre vaisseaux entrés dans le port de Lagos furent faits prisonniers, de sorte que le chevalier de Suffren fut une seconde fois conduit dans les prisons d'Angleterre. Nous le verrons plus tard prendre sa revanche sur les Anglais dans une circonstance absolument semblable. Du reste, sa captivité ne fut pas de longue durée, car il revint à Toulon dès le mois d'octobre suivant.

La paix désastreuse de 1763 faisait craindre à Suffren une longue inactivité. En effet, la dernière guerre avait anéanti notre marine; nous avions perdu le Canada et nos possessions dans l'Inde; il fallait de longues années et des dépenses énormes pour remettre notre marine sur un pied convenable, et le trésor de l'État était vide. La plus grande partie des marins furent congédiés, et les officiers furent mis en disponibilité, à l'exception de ceux qui avaient fait preuve d'un mérite réel. Le chevalier de Suffren fut du nombre de ces derniers, et dès l'année 1764 on lui donna le commandement du chebec *le Caméléon*, avec la mission de protéger le commerce français dans la Méditerranée.

L'année suivante il prit le commandement du brick *le Singe*, dans l'escadre du comte Duchaffaut, dirigée contre les pirates de Salé, Rabat et Larache, villes maritimes du royaume de Fez, dépendant de l'empire du Maroc; il prit part au bombardement de Larache (1), en 1765, et s'y distingua comme à son ordinaire.

En 1767, il fut promu au grade de capitaine de frégate, et fut envoyé à Brest pour faire partie de l'escadre réunie dans ce port sous les ordres du marquis de Breugnon, que le roi envoyait à Maroc pour traiter de la paix. Cet amiral arbora

(1) Larache, en arabe *El Arich* (c'est-à-dire le *Jardin de plaisance*), est située à l'embouchure du Lukos. Les environs de cette ville sont charmants. Quelques auteurs ont prétendu retrouver dans cette ville l'emplacement du jardin des Hespérides.

son pavillon sur la frégate *l'Union*, dont il confia le commandement au chevalier de Suffren. La paix fut signée avec l'empire du Maroc et ses dépendances, de sorte qu'on n'eut plus à craindre les déprédations des corsaires dans ces parages.

Au retour de cette expédition, le chevalier de Suffren, au lieu de prendre un peu de repos après tant de fatigues, se rendit à Malte, où il séjourna quatre ans. Il ne cessa pendant ce temps de faire, sur les galères de la religion, différentes courses contre les Barbaresques. En récompense de ses services, il fut élevé au grade de commandeur.

En 1772, le roi le nomma capitaine de vaisseau, et lui donna le commandement de la frégate *la Mignonne*, du port de Toulon. Il fit, avec cette frégate, deux croisières successives dans les mers du Levant, et rétablit dans ces parages la sécurité du commerce.

Après la mort de Louis XV (10 mai 1774), un des premiers soins du nouveau règne fut de travailler activement au rétablissement de la marine. Mais il ne suffisait pas de construire des vaisseaux et de les pourvoir d'un armement complet, il fallait former des marins capables de les manœuvrer. Le commandeur de Suffren fut jugé par le ministre un des hommes les plus capables de donner à nos jeunes marins et à nos jeunes officiers les leçons qui leur étaient nécessaires; en conséquence on lui donna le commandement de *l'Alcmène* pour faire une campagne d'évolutions. Pendant trois ans de suite (1775, 1776 et 1777), il fut chargé de nouvelles commissions semblables, sur différents bâtiments, et l'on peut affirmer que son expérience et les connaissances qu'il avait acquises ne contribuèrent pas peu à former cette pépinière de marins qui devaient bientôt relever l'honneur du pavillon français. En effet, ces combats simulés, ces manœuvres d'instruction ne tardèrent pas à se changer en véritables batailles contre les Anglais.

En 1788, la France reconnut l'indépendance des colonies anglaises de l'Amérique du Nord, qui venaient de se constituer en république sous le nom d'États-Unis. Le comte d'Estaing, qui avait servi dans les grandes Indes sous Lally-Tollendal, fut nommé vice-amiral et chargé du commandement de la flotte armée à Toulon, et destinée à agir en faveur de l'indépendance américaine. Le commandeur de Suffren fut désigné pour agir sous ses ordres, et reçut le commandement du vaisseau *le Fantasque*. L'escadre partit de Toulon le 13 avril 1778 : elle était composée de douze vaisseaux de ligne et de quelques frégates. Contrariée par les vents, elle mit près de trois mois à effectuer sa traversée, et n'arriva que le 7 juillet à l'embouchure de la Delaware. Si d'Estaing fût arrivé quinze jours plus tôt, les troupes de terre et l'escadre ennemie de l'amiral Howe eussent été prises comme dans un piége entre l'armée de Vashington et l'escadre française, supérieure en nombre; ce retard permit à Howe de rembarquer l'armée anglaise et de revenir à New-York.

Les nouveaux alliés voulurent se dédommager de cette belle occasion perdue; une double attaque par terre et par mer fut combinée contre Rhode-Island, importante position maritime conservée par l'ennemi au cœur des États-Unis du Nord. L'amiral, apprenant que cinq frégates et un vaisseau anglais étaient mouillés dans la rade de Newport, ville principale de Rhode-Island, chargea Suffren d'aller les attaquer avec son vaisseau et plusieurs frégates qu'il mit sous ses ordres. Pendant ce temps-là d'Estaing débarquerait sur un autre point.

Le lendemain matin, le commandeur se présenta devant cette rade; les passes étaient défendues par un fort et des batteries de terre; Suffren franchit ces obstacles toutes voiles dehors; et, sans que la canonnade des batteries eût un instant ralenti sa marche; il pénétra jusqu'au fond de la baie et vint s'embosser le plus près possible des navires ennemis; mais ceux-ci ne l'attendirent point : après avoir tiré quelques coups de canon, ils s'échouèrent à la côte et s'y brulèrent.

Au moment où ce brillant succès allait permettre aux Français de débarquer, on signala l'escadre de l'amiral Howe, grossie de plusieurs bâtiments qui venaient au secours de Rhode-Island. D'Estaing rallia aussitôt Suffren et son escadrille pour aller au-devant de l'armée navale anglaise, qui prit chasse devant lui et qu'il finit par atteindre. Le signal de la bataille allait être donné quand un ouragan épouvantable sépara les deux escadres, les ballota, les désempara pendant quarante heures (11-13 août). La tempête calmée, le vaisseau de d'Estaing démâté, rasé comme un ponton, n'échappa aux attaques d'un vaisseau ennemi que grâce à l'indomptable fermeté de l'amiral français. D'Estaing rallia ses navires, qui tous avaient éprouvé des avaries plus ou moins considérables, et fit voile pour Boston afin de réparer et de ravitailler sa flotte.

D'Estaing, après avoir, conformément à ses instructions, aidé à mettre Boston en état de défense contre la marine anglaise puissamment renforcée, quitta les parages des États-Unis pour les Antilles. A son arrivée, il trouva les colonies françaises dans la joie d'une importante conquête. Le marquis de Bouillé, gouverneur des îles du Vent, venait de s'emparer de l'île de la Dominique, et débarrasserait ainsi la Martinique et la Guadeloupe d'un dangereux voisinage; malheureusement cet avantage fut balancé par la perte de la petite île de Sainte-Lucie, tombée au pouvoir des Anglais. D'Estaing s'efforça de reprendre cette île; mais il ne put y réussir, et, apprenant qu'une forte escadre ennemie était attendue des États-Unis, il dut abandonner l'entreprise et se retirer à la Martinique, pour y attendre les renforts que lui amenaient les chefs d'escadre de Grasse et la Motte-Piquet. A leur arrivée, il reprit la mer avec vingt-cinq vaisseaux de ligne, s'empara de l'île Saint-Vincent et se dirigea ensuite sur la Grenade. Il descendit à terre en personne avec treize cents soldats et emporta d'assaut, dans une action très-brillante, une position abrupte et fortement retranchée qui commandait la ville et les forts de Georgetown, capitale de la Grenade. Le gouverneur se rendit à discrétion. C'était une brillante revanche de Sainte-Lucie.

Deux jours après, la flotte anglaise de l'amiral Byron parut en vue de la Grenade, qu'elle venait trop tard secourir. D'Estaing appareille aussitôt et attaque l'ennemi avec dix-sept vaisseaux seulement, le reste de la flotte n'ayant pu prendre part au combat à cause du vent contraire. *Le Fantasque*, que commandait Suffren, était à l'avant-garde, et engagea l'action. Elle fut longue et sanglante, et *le Fantasque*, qui s'était distingué par l'habileté de ses manœuvres, eut soixante hommes hors de combat. La flotte anglaise, repoussée avec perte, se retira sur l'île Saint-Christophe. Le désavantage du vent empêcha de la poursuivre.

Après avoir conquis la Grenade, l'armée du comte d'Estaing fit contre Savannah une tentative, qui, malgré son insuccès, n'en contribua pas moins aux avantages que remporta plus tard l'armée de terre. Après cette expédition il rentra à Brest, au mois de novembre 1779.

Le compte avantageux que cet amiral rendit de Suffren fit donner à celui-ci le grade de chef d'escadre (ce que nous appelons aujourd'hui contre-amiral). En même temps il fut élevé par le chapitre de l'ordre de Saint-Jean de Jérusalem, à la dignité de bailli. C'est sous ce titre que nous le verrons bientôt illustrer son nom dans les grandes Indes.

CHAPITRE III

Suffren est chargé du commandement de l'escadre légère de la flotte franco-espagnole. — Il s'empare de plusieurs bâtiments marchands. — Le gouvernement français envoie des secours pour défendre les colonies hollandaises menacées par les Anglais. — Suffren est chargé de cette mission. — Combat dans la baie de Praya. — Il arrive à temps au cap de Bonne-Espérance pour l'empêcher de tomber au pouvoir des Anglais. — Son arrivée à l'île de France. — Expédition dans l'Inde. — Mort de l'amiral d'Orves. — Suffren est chargé du commandement en chef. — Combat de Sadras. — Relâche à Porto-Novo. — Combat de Battikala. — Relâche dans cette rade. — Combat de Négapatam. — Incident du *Sévère*. — Arrivée à Gondelour.

L'Espagne, qui, dans la guerre qui avait éclaté entre la France et l'Angleterre, avait espéré d'abord pouvoir conserver la neutralité, fut peu à peu entraînée à une pleine coopération. Le roi d'Espagne, après avoir offert sa médiation aux belligérants, sur le refus de l'Angleterre, signa un traité d'alliance offensive et défensive avec la France. Bientôt les flottes espagnole et française furent réunies, et menacèrent l'Angleterre d'une descente, en même temps qu'elles assiégeaient Gibraltar. Le premier projet fut arrêté par les vents contraires, qui rejetèrent la flotte combinée hors de la Manche, et l'amiral Rodney, avec une flotte de vingt-deux vaisseaux de ligne, réussit à débloquer et à ravitailler Gibraltar, que les Espagnols serraient de près. Il se rendit ensuite aux Antilles, où il lutta avec moins d'avantage contre les flottes alliées.

Suffren ne se trouvait à aucune des expéditions dont nous venons de parler. En 1780, il fut chargé du commandement de l'escadre légère de la flotte franco-espagnole, aux ordres de l'amiral dom Luis de Cordova. Cette flotte se trouvant le 9 août 1780, à la hauteur du cap Saint-Vincent, tomba au milieu d'un convoi anglais destiné pour l'Inde et escorté par trois navires de guerre. Suffren, qui montait *le Zélé*, se mit à la poursuite des bâtiments de guerre; mais la supériorité de leur marche l'empêcha de les atteindre; du reste, par cette manœuvre il favorisa la prise du convoi, qui tomba en entier au pouvoir de la flotte franco-espagnole. Ce convoi se composait de soixante-deux bâtiments, dont la cargaison valait un million et demi sterling (37 à 38 millions de francs), et que montaient trois mille matelots. Suffren, en revenant de la poursuite des bâtiments de guerre, força douze de ces navires marchands à amener leur pavillon, et quatre furent amarinés par son vaisseau.

Jusqu'ici la vie de Suffren a été sans doute assez active et assez remplie; mais d'autres événements vont bientôt lui fournir l'occasion de déployer son génie et sa bravoure sur un plus vaste théâtre.

La Hollande, comme l'Espagne, avait en vain cherché à garder la neutralité entre la France et l'Angleterre. Dès le commencement de l'année 1678, les Anglais avaient tenté diverses entreprises sur les établissements français et hollandais dans l'Inde. La guerre active qu'ils soutenaient contre les divers princes indiens était mêlée de succès et de revers; mais leur marine suivait un but constant, celui d'anéantir dans ces parages les deux seules puissances qui pussent lutter contre l'Angleterre. Les hostilités contre la Hollande ayant été déclarées en 1781, les Anglais s'emparèrent de Négapatam et des autres établissements hollandais de la côte de Coromandel, puis de Trinquemale, le meilleur port de l'île hollandaise de Ceylan. Les Hollandais, se trouvant, en raison de l'infériorité de leur marine, hors d'état de protéger des colonies si riches et si lointaines, contractèrent avec la France un traité d'alliance offensive et défensive. A peine ce traité était-il conclu, que l'on fut informé du projet formé par le cabinet de Londres de s'emparer du cap de Bonne-Espérance, appartenant à la Hollande. La perte de cette importante colonie aurait entraîné fatalement la perte de toutes celles que les Hollandais possédaient encore dans la mer des Indes. Le gouvernement français se chargea de protéger le cap de Bonne-Espérance, conformément au traité d'alliance, et même d'y envoyer une garnison française qui serait à la solde de la Hollande.

Le cabinet de Versailles avait pour but, en se chargeant de cette mission, non-seulement de protéger un allié, mais de relever dans la mer des Indes le pavillon français, qui y avait naguère brillé avec tant d'éclat, et que les désastres de la guerre de Sept ans avaient fait presque entièrement disparaître. Depuis la paix de 1763, la domination britannique dans l'Inde avait pris des proportions énormes. La compagnie anglaise, maîtresse du Bengale et des Cicars maritimes en son propre nom, comme feudataire du Grand Mogol, qui n'était plus que l'ombre des anciens monarques de Delhi (1), maîtresse

(1) L'empire du Grand Mogol, fondé par Tamerlan et son petit-fils Babour, sur la fin du XIVe et au commencement du XVe siècle, fut pendant un siècle et demi

du Karnatic au nom du nabab (vice-roi), son protégé ou plutôt son esclave, régnait en despote sur tout le littoral de l'Est; elle dominait le centre du haut Hindoustan, en usant à son profit les restes de l'autorité du Grand Mogol, et le centre de la presqu'île, en substituant son influence à celle que les Français, sous Dupleix et Bussy, y avaient autrefois exercée sur le soubahdar (vice-roi) du Dekkan. Il ne lui restait plus que deux adversaires sérieux : dans l'ouest et le centre, l'empire des Mahrattes; et dans le sud, l'empire de Mysore (Maïssour), fondé par Haïder-Ali. Ce dernier avait toujours été l'allié fidèle des Français, auxquels il devait une partie de ses con-

le plus riche et le plus brillant de l'Asie. Il s'étendait sur l'Hindoustan tout entier, sur le Khoraçan et sur l'est de l'empire persan. Sa décadence fut rapide, à partir de 1739. — Les peuples voisins, les Abdalis, les Mahrattes, les Rohillas, puis les Européens, Hollandais, Français, et surtout les Anglais, se jetèrent sur ce malheureux empire et le démembrèrent. Aujourd'hui cet empire presque en entier est soumis à l'Angleterre.

quêtes, et par conséquent l'ennemi irréconciliable des Anglais. Lorsqu'à la paix de 1763 les Français abandonnèrent les Indes, où il ne leur restait plus que quelques possessions insignifiantes, Haïder-Ali fit la paix avec l'Angleterre, et les hostilités cessèrent entre eux jusqu'en 1779. A cette époque, un corps d'armée anglo-indien, s'étant porté sur Pounah, capitale des Mahrattes, fut cerné et obligé de capituler. A ce signal le vieux Haïder-Ali reprend les armes, s'allie aux Mahrattes et au soubahdar du Dekkan, et se jette sur le Karnatic. Quelques centaines d'aventuriers français, débris des armées de Dupleix et de Bussy, marchent joyeusement contre l'Anglais sous les étendards du sultan de Mysore. Après des incidents que nous n'avons point à décrire, le 9 septembre 1780, la moitié de l'armée anglaise du Karnatic est détruite dans les bois de Condjeveram. Presque toute cette vaste nabadie du Karnatic, et la capitale, Arcate, tombe au pouvoir de Haïder-Ali. Dans le courant de l'année suivante, une grande révolte éclata dans la *ville sainte* de Benarès, contre les Anglais. Qu'une expédition française eût débarqué en ce moment sur la côte de Coromandel, la puissance anglaise eût été anéantie dans le Karnatic et dans les Cicars, et bien entamée partout ailleurs. Malheureusement nous n'avions qu'une faible escadre à l'île de France, et commandée par un chef incapable. Haïder-Ali sollicitait les secours de la France; sans quoi il se verrait forcé de traiter avec les Anglais, qui lui offraient, ainsi qu'aux Mahrattes, une paix avantageuse.

Telle était la situation des choses lorsque les Hollandais demandèrent à la France de protéger leur colonie du Cap, menacée par les Anglais. Il n'y avait pas de temps à perdre; car l'escadre anglaise destinée à cette expédition était prête à mettre à la voile sous les ordres du commodore Johnston, un des meilleurs marins d'Angleterre.

Le ministère français comprit toute l'importance de la situation. Il lui fallait un homme ferme, actif, entreprenant, à la hauteur, en un mot, de la grande mission qui lui était confiée. Ce choix porta sur le bailli de Suffren, à la recommandation de l'amiral d'Estaing, qui déclara avoir reconnu en lui, lorsqu'il était sous ses ordres, l'étoffe d'un grand général d'armée.

Suffren fut donc placé à la tête de cinq vaisseaux de ligne et de deux frégates, escortant un certain nombre de bâtiments de transport, avec mission de protéger contre les Anglais la colonie hollandaise du cap de Bonne-Espérance, puis d'opérer dans les mers indiennes. Il sortit de Brest le 22 mars 1781 ; déjà depuis deux à trois jours l'escadre anglaise de Johnston, composée de cinq vaisseaux de ligne, trois frégates et dix bâtiments de la compagnie des Indes, était partie pour la même destination. La possession du Cap devait être le prix de la course, et les vaisseaux anglais, tous doublés en cuivre, étaient meilleurs voiliers que les nôtres. Peut-être cet avantage, et l'avance de quelques jours qu'il avait sur l'escadre française, ôtaient-ils à Johnston toute crainte d'être dépassé par l'escadre française. C'est toujours la fable du lièvre et de la tortue. Cependant le bailli de Suffren ne négligeait rien pour activer la marche de son escadre ; il suivait son adversaire à la piste, désespérant presque de l'atteindre, lorsque, le 16 avril, *l'Artésien*, qui marchait en éclaireur de l'escadre, vint avertir Suffren qu'il avait aperçu l'escadre anglaise à l'ancre dans la baie de Praya (de San-Yago ou Santiago), la plus grande des îles du Cap-Vert, appartenant aux Portugais. Il forma aussitôt le projet de l'attaquer, sans égard pour la neutralité du pavillon portugais qui flottait sur les forts de l'île. On se souvient qu'il avait à prendre sa revanche de l'affaire de Lagos. Aussitôt il fait signal à ses frégates et au convoi de continuer leur route, tenant le vent; puis il donne à ses vaisseaux l'ordre de se disposer au combat, de former la ligne sans avoir égard à l'ordre de bataille, et de forcer de voiles pour commencer l'attaque. Lui-même se couvrant de voiles à l'instant, se précipite sans regarder s'il est suivi des siens, pénètre dans la baie, et, arrivé près du vaisseau commandant, laisse tomber l'ancre par son travers; en même temps ses canons éclatent des deux bords, et soutiennent avec un feu épouvantable l'honneur du nom que porte le vaisseau, *le Héros*. *L'Annibal*, qui suivait immédiatement *le Héros*, se place malheureusement en avant de lui, et reçoit d'effroyables bordées auxquelles il riposte avec désavantage. En un clin d'œil son gréement est haché, ses mâts, ses vergues se soutiennent comme par enchantement; le capitaine de *l'Artésien*, le troisième vaisseau, est tué au moment où, prenant son poste, un bâtiment de la compagnie anglaise se jette sur lui, l'embarrasse de ses manœuvres, et l'entraîne loin du champ de bataille; *le Vengeur* et *le Sphynx*, les deux derniers vaisseaux de l'escadre française, après avoir tiré quelques bordées, sont entraînés par les courants, et forcés de laisser porter au large. *Le Héros et l'Annibal* se trouvaient donc seuls au milieu de l'escadre ennemie; la position devenait de plus en plus critique; après une heure et demie du combat le plus vif et le plus meurtier, ils coupèrent leurs câbles et portèrent au large. Le bailli, voyant l'impossibilité de détruire un ennemi dont il avait juré la perte, effectua sa retraite de cette baie avec autant de fierté qu'il y était entré, et prit congé de l'escadre anglaise en la saluant à coups de canon. Il était temps; car à peine *l'Annibal* était-il hors de portée du canon des Anglais, que ses trois mâts, cédant à la pression du vent, s'abattirent tout d'un coup. *Le Sphynx* vint le tirer du danger en le prenant à la remorque.

L'amiral Johnston, après avoir réparé ses plus fortes avaries, appareilla avec son escadre dans l'intention d'attaquer les Français, ou au moins de s'emparer de *l'Annibal,* qu'il voyait démâté. Dès que le bailli l'aperçut : « Allons! s'écria-t-il, point de manœuvres honteuses; » et aussitôt il fait le signal de former la ligne du combat. Cette contenance produisit le meilleur effet : l'escadre ennemie, après s'être approchée à une portée et demie de canon, voyant les Français l'attendre en travers, ne crut pas à propos de recommencer le combat, et elle rentra dans la baie, où Suffren la laissa après l'avoir attendue un jour et une nuit. Sûr maintenant de laisser derrière lui le seul obstacle qui pouvait retarder sa marche, il se dirigea en toute hâte sur le cap de Bonne-Espérance, où il arriva sans autre incident avec tout son convoi. Sa présence rassura tout le monde; pour lui, sans prendre un instant de repos, il fit débarquer les troupes qui devaient tenir garnison dans la colonie, répara en toute hâte et ravitailla ses vaisseaux; puis il appareilla pour l'île de France, où il fit sa jonction avec l'escadre du comte d'Orves.

Le bailli de Suffren avait été précédé dans cette colonie par sa réputation, et on l'y attendait pour arrêter le plan de la campagne qu'on allait entreprendre dans l'Inde. Son escadre éprouvait des besoins de toute espèce. Le temps était précieux; la présence du bailli semblait avoir tout ranimé. Il communiquait son courage et son activité à tout ce qui l'approchait : administrateurs, chefs, marins et soldats, étaient animés du plus beau zèle. Il n'y eut pas jusqu'au vieux comte d'Orves, plus affaibli encore par une longue maladie que par l'âge, qui ne se sentît ranimé et rajeuni par l'activité de son nouveau collègue. La nécessité développait les ressources; et l'on vit, non sans étonnement, un escadre et un convoi aussi considérables prêts à prendre la mer dans un espace de temps si court.

Le 7 décembre 1781, l'escadre mit à la voile sous les ordres du comte d'Orves, qui commandait en chef par rang d'ancienneté. Elle était composée de onze vaisseaux, trois frégates et trois corvettes, plus, de huit bâtiments de transport qui portaient l'armée de terre avec son artillerie et ses munitions. Cette petite armée comptait à peine trois mille hommes, appartenant à la garnison de l'île de France, que le gouverneur, M. de Souillac, avait mis par zèle à la disposition des chefs d'escadre, sans en avoir reçu l'ordre du ministère.

Après plus d'un mois de navigation, le 19 janvier 1782, on eut connaissance d'un vaisseau de guerre. Suffren, qui se trouvait avec *le Héros* en tête de l'armée, lui donna la chasse, l'atteignit, et le combat s'engagea vigoureusement. Pendant ce temps, deux autres vaisseaux français forçaient de voiles pour soutenir *le Héros* : mais avant leur arrivée l'Anglais avait amené son pavillon : c'était un vaisseau de cinquante canons nommé aussi *l'Annibal*. Un début aussi heureux répandit la joie dans l'armée.

Quelques jours après, le comte d'Orves, qui depuis longtemps était attaqué d'une maladie grave, et qui n'avait entrepris cette campagne que par excès de zèle, sentit son mal redoubler. Le 3 février, voyant sa fin approcher, il fit appeler le bailli de Suffren pour lui remettre son commandement et les instructions particulières dont il était porteur. Quelques jours après, il mourut. Si l'homme fut regretté pour son caractère personnel, on n'en regarda pas moins cet événement comme plus avantageux que nuisible aux intérêts de l'armée, dont le commandement allait appartenir désormais à un seul chef, énergique et capable.

Avant que l'escadre appareillât de l'île de France, il avait été décidé que Madras serait le point de son atterrage. Le projet du bailli était de manœuvrer de manière à y arriver au point du jour, et de surprendre les Anglais par une attaque imprévue; mais les divers mouillages que le calme et les vents contraires obligèrent l'escadre de prendre à la vue de terre, firent manquer ce projet. Le 14 février, on eut connaissance de Madras et de neuf vaisseaux mouillés sous les forts. Il n'était pas prudent de les attaquer dans cette position : aussi Suffren jugea-t-il à propos de continuer sa route pour Pondichéry. A peine l'escadre française avait-elle dépassé Madras qu'on vit les Anglais sous voiles. Suffren fit signal alors de prendre es mêmes armures que les vaisseaux ennemis, et de faire la même route : toutefois l'amiral Hughes, qui commandait l'escadre ennemie, n'avait eu d'autre intention, en appareillant, que d'aller couvrir Trinquemale, qu'il croyait menacé par les Français. Mais Suffren, résolu de l'amener à un engagement, manœuvra de manière que, le 19, les deux escadres se trouvèrent en présence, et le combat devint inévitable. Il eut lieu par le travers de Sadras. Malgré la brume et le temps orageux, si Suffren eût été bien secondé, l'escadre anglaise eût été probablement détruite; mais la mollesse ou le mauvais vouloir de la moitié des capitaines, mécontents de se voir commandés par un officier moins ancien qu'eux, rendit la victoire indécise. Ces infernales jalousies étaient la honte et le fléau de notre marine. Ce combat montra toutefois à l'amiral anglais à quel homme il avait à faire, et il sembla se reconnaître vaincu en s'éloignant du champ de bataille. Suffren obtint encore un autre résultat important :

ce fut de faire connaître à Haïder-Ali que des forces françaises capables de lui apporter un secours efficace avaient enfin paru dans les mers de l'Inde. Le sultan de Mysore rompt alors toute négociation avec les Anglais, et dès le lendemain du combat naval de Sadras, son fils, Tippou-Saïb, détruit un corps anglo-indien dans le Tanjaour.

Suffren dirigea alors sa route sur Pondichéry, où il ne resta que le temps nécessaire pour prendre des informations sur le point où il devait débarquer les troupes qu'il avait à bord. Là on l'informa que Porto-Novo (1) présentait toutes les facilités désirables, il s'y rendit aussitôt, et il y mouilla le 23 février. Il trouva dans cette ville M. Piveron, envoyé français accrédité auprès d'Haïder-Ali, ainsi que deux des principaux officiers de ce sultan,

(1) Porto-Novo ou Mahmoud-Bender est situé à 53 kilomètres de Pondichéry. C'est un port vaste et sûr. Les Français y établirent un comptoir qu'ils cédèrent aux Hollandais, qui en étaient en possession à cette époque. Aujourd'hui ce port appartient aux Anglais, comme toute la côte de Coromandel, à l'exception de Pondichéry et de Karikal, restés à la France.

chargés de le complimenter et de faire délivrer à l'escadre et aux troupes de terre tout ce dont elles avaient besoin. Les troupes de terre furent débarquées ; mais le bailli déclara aux envoyés d'Haïder-Ali que ces troupes n'agiraient activement qu'après que le sultan aurait signé un traité d'alliance offensive et défensive, dont le général Duchemin, commandant de l'armée de terre, avait le projet entre les mains. Les principales conditions de ce traité, dont une copie fut remise aux envoyés du sultan pour la soumettre à leur maître, portaient que l'armée française serait indépendante, qu'on y adjoindrait un corps de quatre mille hommes de cavalerie, un de six mille d'infanterie, et qu'il serait annuellement payé à l'armée vingt-quatre lacks de roupies (environ sept millions deux cent mille francs). Les envoyés d'Haïder-Ali assurèrent M. de Suffren que leur maître n'hésiterait pas à souscrire à ces conditions.

Suffren quitta alors Porto-Novo pour aller à la recherche des Anglais. Le 9 avril, au point du jour, on signala quatorze voiles ennemies. L'amiral français fit aussitôt former l'ordre de bataille; on manœuvra pendant trois jours pour conserver l'ennemi, et surtout pour lui gagner le vent; enfin le 12, les deux armées étant en présence, le combat s'engagea, à la hauteur de Battikala, près de l'île de Ceylan. On se battit depuis une heure et demie après midi jusqu'à la nuit sans avantage marqué. Les deux escadres furent très-maltraitées; mais la perte des Anglais fut plus considérable, car le 19, se retrouvant encore en présence, et le bailli voulant engager l'amiral Hughes à une nouvelle action, en le prolongeant dans les différents bords qu'il était obligé de courir, celui-ci s'y refusa obstinément, en forçant de voiles pour l'éviter, et en gagnant un port pour réparer ses avaries.

L'escadre de Suffren avait aussi besoin de repos et de réparations : ces combats multipliés avaient épuisé ses munitions; jetée à quinze cents lieues de l'île de France, et à cinq mille de la mère patrie, elle manquait de vivres, et ne pouvait encore rien tirer de Haïder-Ali, qui n'avait pas encore signé le traité dont M. Duchemin était porteur. Différents prétextes avaient retardé cette signature; mais le véritable motif que le sultan n'avouait pas, c'était la crainte de faire retomber sur lui tout le poids de la guerre en signant cet engagement : car il lui paraissait impossible que Suffren, livré à ses propres forces, pût tenir longtemps la côte de l'Inde. Le bailli lui fit voir bientôt combien il se trompait.

Laissant pour le moment respirer la flotte anglaise, Suffren ne songea qu'à mettre la sienne en état d'obtenir de nouveaux succès. Se trouvant le 30 avril près de Battikala, qui était un comptoir appartenant aux Hollandais, il y fit jeter l'ancre. Le scorbut avait exercé de grands ravages dans les équipages; on débarqua les malades, on les fit camper sous des tentes; les habitants fournirent des vivres frais; le pays offrait abondamment des herbages salutaires, ce qui, joint à l'exercice de la pêche et de la chasse, eut bientôt arrêté les progrès de la maladie. Un mois avait suffi pour terminer les réparations dont l'escadre avait besoin, pour rétablir les malades et renouveler les provisions : le bailli donna l'ordre de lever les tentes, et le 3 juin l'escadre mit sous voiles, se dirigeant sur Gondelour (Kaddalor en indien, Cuddalore en anglais, à quatre lieues de Pondichéry). Chemin faisant, elle balaya la côte, s'empara de tous les bâtiments anglais qu'elle rencontra, et ses prises furent tellement considérables, que la flotte, en arrivant à Gondelour, regorgeait de provisions de toute espèce. Haïder-Ali, convaincu maintenant de la supériorité de Suffren sur les Anglais, signa le traité d'alliance que l'amiral français lui avait proposé, et en observa toujours fidèlement les conditions. Pour en commencer l'exécution, il envoya cinq cents bœufs à Tranquebar, près Karikal, pour le service de la flotte. Sûr maintenant de ce puissant allié, Suffren lui envoya le major de son escadre pour lui proposer de reprendre Négapatam, dont les Anglais s'étaient emparés quelque temps auparavant sur les Hollandais, et pour lui demander à cet effet quatre cents Européens et un bataillon de cipayes. Le sultan s'empressa d'acquiescer à cette demande, et l'escadre française appareilla aussitôt en se dirigeant sur Négapatam.

Pendant qu'il faisait route dans cette direction, il apprit par une de ses frégates, *la Bellone*, chargée d'observer l'ennemi, que les Anglais étaient mouillés devant Négapatam, afin de couvrir cette place du siége dont elle était menacée. Le bailli, ravi de trouver l'occasion d'un nouveau combat, fit signal de forcer de voiles en continuant la même route. Bientôt on découvrit l'escadre ennemie, et à dix heures et demie du matin (6 juillet 1782) le combat commença entre les deux avant-gardes; à onze heures il devint général.

Le feu le plus terrible régnait de part et d'autre, lorsqu'une *saute de vent* (on appelle ainsi un changement brusque dans la direction du vent régnant) jeta le désordre dans les deux lignes : toutefois cet incident fut plus défavorable aux Anglais, dont plusieurs vaisseaux, ayant été entièrement désemparés, furent dispersés sans pouvoir rallier leur amiral. *Le Superbe*, que montait Hughes, et qui avait été aux prises avec *le Héros*, se trouvait si maltraité, que l'amiral anglais fit cesser le feu, et, profitant de l'avantage du vent, alla reprendre son mouillage devant Négapatam hors de la portée du canon français. Suffren, resté en panne sur le champ de bataille, voyait fuir devant lui l'escadre ennemie, et hâtait même à coups de canon la marche de ceux qui n'exécutaient pas assez vite l'ordre de retraite qui leur avait été donné; le bailli laissa tomber l'ancre auprès d'eux. Ses officiers étant venus, après le combat, lui témoigner leur satisfaction de le voir sans blessures : « Eh! Messieurs, leur dit-il, je voudrais en être couvert, et avoir le vent. » L'escadre française alla ensuite mouiller à Karikal, à deux lieues de Négapatam. La position des Anglais, qui se trouvaient au vent, leur permettait de venir l'attaquer s'ils avaient voulu recommencer le combat. Suffren passa toute la nuit et une partie du lendemain à les observer; mais, voyant l'inaction de l'amiral Hughes, il se détermina à conduire son escadre à Gondelour pour l'y réparer.

Pendant le combat de Négapatam, il s'était passé un incident honteux, que Suffren n'apprit qu'en faisant route pour Gondelour. Le capitaine du *Sévère*, vaisseau de soixante-quatre canons, s'étant trouvé aux prises avec *le Sultan*, vaisseau anglais de soixante-quatorze, avait perdu la tête et amené son pavillon; mais les officiers qui combattaient sous ses ordres ne voulurent point partager une telle honte, et le forcèrent à relever son pavillon, continuèrent le feu, et forcèrent *le Sultan* à la retraite. Voici comment Suffren fut instruit de ce fait, qu'on lui avait soigneusement caché jusque-là. Tandis que l'escadre était en route, elle fut jointe par un petit bâtiment léger portant pavillon parlementaire. L'officier qui montait ce bâtiment, étant arrivé au bord du *Héros*, remit à Suffren une lettre de sir Edward Hughes, par laquelle cet amiral réclamait le vaisseau *l'Ajax*, qui, disait-il, dans le combat du 6, après avoir demandé quartier et amené son pavillon, avait profité, par une violation insigne des lois de la guerre, du moment où *le Sultan* mettait un canot à la mer et allait l'amariner, pour relever son pavillon, et tirer trois bordées qui avaient fait un ravage affreux au *Sultan*. L'amiral Hughes terminait en réclamant ce vaisseau au nom du roi d'Angleterre, et comme s'étant rendu à un des bâtiments de son escadre. Or *l'Ajax*, que réclamait l'amiral anglais comme ayant amené son pavillon, n'avait pas même pris part au combat, et n'était pas même entré en ligne, sous prétexte que des avaries survenues inopinément l'avaient empêché de manœuvrer. Déjà le bailli avait adressé à son capitaine des témoignages de son mécontentement; mais quant au fait dont parlait l'amiral anglais, il était évidemment impossible; aussi répondit-il que *l'Ajax*, n'ayant point combattu, ne pouvait avoir amené; qu'il n'avait pas connaissance qu'aucun de ses vaisseaux se fût rendu; mais que, si par un événement quelconque cela fût arrivé, il serait allé l'enlever lui-même au milieu de l'escadre anglaise; qu'au reste, il allait vérifier les faits. Il ouvrit aussitôt une enquête, et comprit enfin le mot de l'énigme et le quiproquo de l'Anglais, qui avait pris *le Sévère* pour *l'Ajax*. Cette enquête lui révéla des faits qui portèrent au plus haut degré le mécontentement du bailli contre plusieurs capitaines de son escadre, coupables de lâcheté ou d'insubordination. Le commandant du *Sévère* fut suspendu; ceux de *l'Ajax*, de *l'Artésien* et du *Vengeur* reçurent l'ordre de remettre leurs commandements; quelques autres officiers, qui s'étaient aussi signalés par leur indiscipline, furent renvoyés à l'île de France. Malgré ces actes d'une juste sévérité, le mal ne fut pas encore détruit complétement.

CHAPITRE IV

Entrevue de Suffren et d'Haïder-Ali. — Prise de Trinquemale. — Combat naval de Trinquemale. — Relâche à l'île de Sumatra. — Arrivée de Bussy dans l'Inde avec des renforts. — Réunion de Suffren et de Bussy. — Celui-ci débarque à Gondelour. — Suffren retourne à Trinquemale. — Les Anglais assiégent Gondelour par terre et par mer. — Position critique de Bussy. — Suffren fait lever le blocus de la flotte anglaise. — Combat de Gondelour. — Entrée triomphale de Suffren dans cette ville. — La paix est signée entre la France et l'Angleterre. — Suffren revient en France. — Sa belle conduite au Cap envers un bâtiment anglais naufragé. — Son arrivée à Toulon. — Réception qu'on lui fait. — Accueil qu'il reçoit à Versailles du roi et de la reine. — Il est nommé vice-amiral. — Sa mort. — Son portrait.

Haïder-Ali, dont l'admiration pour Suffren ne connaissait plus de bornes depuis ses dernières victoires, en apprenant son arrivée à Gondelour, lui écrivit pour lui témoigner le désir qu'il avait de le voir; puis, sans attendre sa réponse, il se mit en marche avec son armée de cent cinquante mille hommes, et fit près de quarante lieues avec cette imposante escorte. Suffren, qui ne demandait pas mieux que d'avoir une entrevue avec le vieux sultan, ayant été prévenu qu'il venait d'arriver à Bahour, à deux lieues de Gondelour, lui envoya son major pour le complimenter et prendre son jour pour leur entrevue. Elle fut fixée au lendemain, 26 juillet. Le sultan envoya un détachement de cinq cents cavaliers, sous les ordres de Goulam-Ali-Khan, général en chef de sa cavalerie, pour servir d'escorte à l'amiral français.

Suffren descendit de son escadre avec six de ses capitaines et plusieurs officiers de son escadre. Après avoir été complimenté par le général du sultan, il monta, ainsi que sa suite, dans les palanquins qui leur avaient été envoyés, et il sortit de Gondelour escorté par la cavalerie d'Haïder et par un bataillon de cipayes.

En arrivant aux premières lignes de l'armée, il trouva toute l'infanterie du sultan rangée en bataille et présentant les armes; les tambours battaient aux champs. L'amiral et sa suite furent introduits immédiatement auprès d'Haïder, qui, aussitôt qu'il aperçut Suffren, se leva, vint le recevoir à l'entrée de sa tente et lui donna l'accolade. Revenu à sa place, il mit le bailli à ses côtés et lui présenta son second fils, Kérim-Saïeb, ainsi que tous les seigneurs de sa cour, les chefs de son armée et tous les envoyés des différents princes de l'Inde résidant près de lui.

Après les premiers compliments, le sultan exprima toute la joie qu'il avait de voir le bailli, et son admiration pour ses victoires.

« Avant votre arrivée à la côte, lui dit-il, je me croyais un grand homme et un grand général; mais vous m'avez éclipsé, vous seul êtes un grand homme. »

Suffren, de son côté, lui adressa les compliments les plus flatteurs sur ses brillants faits d'armes, et le sultan répétait à sa cour tout ce que lui disait l'amiral; mais, s'apercevant tout à coup que la position dans laquelle Suffren était placé (les genoux croisés à l'orientale) lui devenait incommode à cause de son embonpoint, il fit apporter des carreaux et l'engagea à s'asseoir à l'européenne, « sans égard pour l'étiquette, qui, dit-il, n'était pas faite pour lui. »

Le bailli, avant de se rendre au camp du sultan, avait reçu la nouvelle de l'arrivée à l'île de France de Bussy, l'ancien compagnon de Dupleix, bien connu d'Haïder-Ali, avec six vaisseaux de guerre, deux frégates et un grand nombre de bâtiments de transport, portant cinq mille hommes de troupes : il fit part de cette nouvelle à Haïder-Ali, et lui apprit en même temps que ses frégates venaient de s'emparer d'une goëlette anglaise qui portait à Négapatam le colonel Horn, officier d'un mérite distingué.

Le sultan reçut ces nouvelles avec la plus grande joie; et, pour la témoigner, il détacha de son turban une aigrette en diamants dont il orna le chapeau du bailli; il lui présenta aussi un serpeau fort riche (espèce d'habit mauresque en étoffe d'or) et deux bagues d'un grand prix. Chaque capitaine reçut un serpeau en gaze d'or, un châle et une plaque d'or enrichie de diamants et de pierres précieuses. L'usage étant d'ajouter un cheval à ces objets, ou d'en donner la valeur en argent à ceux pour qui ce présent était inutile, le sultan fit compter mille roupies à chaque capitaine (la roupie vaut 2 fr. 50 c.). L'éléphant qu'il destinait à Suffren fut représenté par dix sacs de mille roupies chacun.

Cette première entrevue, où il ne fut point question d'affaires, dura cependant près de trois heures. Le sultan, en la terminant, demanda au bailli un entretien particulier, et le pria d'accepter un déjeuner pour le lendemain. Il se leva ensuite; toute sa cour l'imita, et il reconduisit Suffren jusqu'à la sortie de sa tente.

Les mêmes honneurs que celui-ci avait reçus à son arrivée lui furent rendus à son retour, Goulam-Ali-Khan, ainsi que plusieurs seigneurs, l'accompagnèrent jusqu'à la tente qui lui avait été préparée, non loin de celle d'Haïder, et une garde d'honneur était placée auprès de sa personne.

Le lendemain, le déjeuner fut préparé dans une tente particulière; il se composait de mets apprêtés à la turque; et, par une attention délicate, le sultan avait fait disposer le service, et surtout les siéges, à la manière européenne.

Pendant le repas il s'entretint constamment avec Suffren, par l'entremise de Piveron. Ses combats contre l'escadre anglaise furent le sujet de la conversation, et il ne cessait de lui témoigner son admiration sur son activité et sa valeur. Le déjeuner terminé, le sultan invita le bailli à passer dans sa tente, et là ils eurent un entretien de plusieurs heures. Haïder-Ali lui fit l'exposé de ses plans de campagne contre les Anglais, de ses projets de les chasser de l'Inde avec le secours de la France; mais en même temps il ne lui dissimula pas ses inquiétudes, causées par les conquêtes que l'armée anglaise avait faites récemment dans son pays sur la côte de Malabar, et dans ses propres domaines; ses craintes sur la défection des Mahrattes, qui, disait-il, finiraient par s'allier aux Anglais, et pourraient l'exposer à un grand danger, si les troupes françaises aux ordres de Bussy n'arrivaient pas promptement.

La franchise et la noblesse que Suffren mit dans ses réponses, l'intérêt qu'il témoigna au sultan, l'empressement qu'il lui montra de se remettre promptement à la mer pour aller combattre les Anglais, l'assurance positive qu'il lui donna de la prochaine arrivée des secours envoyés par le roi de France, charmèrent ce prince, et lui inspirèrent pour l'amiral une estime et une confiance sans bornes.

Cette entrevue se termina avec le même cérémonial que la première; et le bailli, en annonçant au sultan le projet qu'il avait de retourner le soir même à Gondelour, lui proposa de venir jusqu'à la côte pour jouir du spectacle de son escadre pavoisée et dans toute la pompe dont les vaisseaux sont susceptibles. Haïder-Ali s'en défendit par un compliment aussi flatteur que spirituel, en répondant à l'amiral qu'il ne s'était déplacé que pour avoir le plaisir de le voir et qu'il ne lui restait plus rien à désirer. Alors, oubliant la morgue ordinaire aux souverains d'Asie, il reconduisit le bailli jusqu'à sa tente, et lui dit en le laissant aller : « Adieu, monsieur de Suffren ; heureux le souverain qui possède un sujet aussi précieux que vous! J'espère que vous reviendrez bientôt couvert d'une nouvelle gloire; je ne puis vous exprimer le désir que j'en ai et la confiance que vous m'avez inspirée. »

Nous nous sommes étendu sur cet épisode de la vie de Suffren comme étant un des incidents les plus mémorables de son expédition aux Indes; car il est sans exemple qu'un des plus puissants souverains de l'Asie se soit déplacé de plus de quarante lieues, avec une armée de plus de cent mille hommes, dans le seul but de donner un témoignage de son estime à un général étranger.

Quelques jours après son entrevue avec le sultan, Suffren apprit que l'escadre anglaise s'était rendue à Madras, où elle embarquait des troupes pour une expédition inconnue. Soupçonnant que le but de cette expédition était de renforcer Trinquemale, le port le plus important de l'île de Ceylan, que les Anglais tenaient par-dessus tout à garder en leur possession, le bailli résolut de contrarier leurs projets et de s'emparer au besoin de ce port avant qu'il fût ravitaillé. Dans ce but, il appareille aussitôt et se rend à Battikala. Là il trouva *la Consolante*, expédiée de l'île de France pour lui annoncer que les vaisseaux *le Saint-Michel*, de soixante, et *l'Illustre*, de soixante-quatorze, escortant huit bâtiments de transport chargés de troupes et de munitions, étaient mouillés à la Pointe-de-Galle, à l'extrémité de l'île de Ceylan, où ils n'attendaient que des vents favorables pour le rejoindre. Ce renfort ne pouvait arriver plus à propos pour l'exécution du projet que méditait Suffren. En arrivant à Battikala, il avait fait reconnaître la baie de Trinquemale et avait acquis la certitude que l'escadre anglaise n'y était point encore; il se détermina alors à faire le siége de cette place aussitôt que le renfort annoncé serait arrivé.

Le 21 août, les deux vaisseaux parurent devant Battikala, en même temps que le cutter *le Lézard,* expédié directement de France avec des dépêches de la cour pour Suffren, contenant l'approbation de sa conduite à la baie de la Praya, la confirmation de toutes les grâces qu'il avait demandées pour les officiers de son escadre, et une ordonnance du roi qui le nommait gouverneur général de toutes les possessions françaises dans l'Inde, avec les pouvoirs les plus étendus. Ces nouvelles portèrent la joie à bord de tous les bâtiments; car Suffren était chéri de tous ceux qui servaient sous ses ordres, à l'exception de quelques officiers jaloux de son mérite et qui se croyaient de beaucoup supérieurs à lui par leur naissance, et surtout par leur crédit à la cour.

Le 25 août, l'amiral fit signal d'appareiller et de faire le branle-bas de combat. L'escadre se trouva bientôt à la vue des forts de Trinquemale. Le succès de l'entreprise dépendait principalement de la célérité; il fallait qu'une attaque aussi vigoureuse qu'imprévue fît tomber cette place avant qu'elle pût être secourue. Dans la nuit du 26, deux mille cinq cent cinquante hommes débarquèrent à deux tiers de portée de canon des forts. Protégés par un bois, ils ouvrirent la tranchée à une portée de fusil de la place; Suffren, descendu à terre, surveillait lui-même les travaux, se portant partout, animant et dirigeant les travailleurs. Le 28, à midi, trois batteries de canons et une de mortiers commencèrent à jouer contre la ville. Les Anglais tentèrent une sortie, et furent repoussés avec perte. Le feu du 29 fut très-meurtrier; mais il fallut le suspendre par suite de l'affaissement des plates-formes, dont la construction, faite à la hâte, manquait de solidité. On passa la nuit à les réparer, et, le 30 au matin, le feu recommença avec une nouvelle vigueur. A neuf heures, quoique la brèche fût loin encore d'être praticable, l'amiral fit sommer le fort principal de se rendre. Deux heures après, le gouverneur consentit à capituler à des conditions honorables, qui lui furent facilement accordées.

Ainsi furent conquis en cinq jours un port magnifique, le seul de toute la côte qui offre un abri sûr pendant les moussons, une ville parfaitement protégée, fournie de vivres pour six mois, quatre-vingts pièces de canon, etc. etc.; enfin la possession de ce port important changeait tout à fait la situation des deux partis dans ces mers.

Trois jours après la prise de Trinquemale, parut seulement l'escadre de l'amiral Hughes qui venait au secours de la place; sa consternation fut inexprimable lorsqu'elle découvrit le pavillon blanc arboré sur tous les forts de la baie. L'escadre anglaise manœuvrait pour se retirer, que déjà Suffren était sous voile pour la combattre. Treize vaisseaux de ligne français, deux de cinquante et quarante, et trois bâtiments légers attaquent douze vaisseaux de ligne et six bâtiments légers. Toujours mêmes fautes, ou plutôt même trahison, ou tout au moins mauvaise volonté. Suffren, par suite de mouvements mal exécutés, se trouve seul avec deux vaisseaux au milieu de l'escadre anglaise; son avant-garde a dépassé l'ennemi, son arrière-garde n'a point donné. Seul, il combat contre cinq ou six : ses mâts tombent sous un ouragan de fer et entraînent dans leur chute son pavillon amiral. A cette vue, les Anglais poussent un *hurra* de triomphe. « A nous *le Héros !* » s'écrient-ils. Le bailli, étonné, lève les yeux et ne voit plus la vieille enseigne de France : « Des pavillons ! des pavillons ! s'écrie-t-il en courant comme un furieux sur sa dunette; qu'on apporte des pavillons blancs, qu'on en couvre le vaisseau ! » L'équipage tout entier, partageant l'héroïsme désespéré de son chef, vomit les boulets et la mitraille par tous les sabords; trois vaisseaux anglais sont criblés, hachés par ce furieux effort; enfin, l'avant-garde revient en arrière, dégage son amiral; et les Anglais, profitant de la nuit, se retirèrent et regagnèrent Madras. Le vaisseau de Suffren avait tiré pour sa part dix-huit cents coups de canon; à la fin, n'ayant plus de boulets, il avait continué de charger à poudre pour cacher sa détresse. Le bailli fut péniblement affecté de la conduite équivoque de plusieurs de ses capitaines, et il en témoigna un vif mécontentement dans la soirée qui suivit le combat.

Cette journée sanglante retarda les projets des Anglais contre Gondelour; mais elle eût dû avoir de bien autres conséquences. Le chef de l'odieuse cabale qui avait failli causer la perte de Suffren se rendit à demi justice en demandant à repartir pour la France avec ses complices, et l'escadre en fut enfin purgée; mais le mal qu'ils avaient fait paraissait irréparable. Ils avaient empêché Suffren de fixer la fortune. Les forces françaises diminuaient; deux de nos vaisseaux, *l'Orient* et *le Bizarre*, se perdirent par des accidents de mer; les Anglais, au contraire, reçurent cinq vaisseaux de renfort, et les Hollandais, dont nous avions sauvé et recouvré les colonies, ne nous portaient aucun secours : une escadre de sept vaisseaux restait immobile à Batavia, un autre armement au Cap.

Après le combat de Trinquemale, l'escadre, retenue par les vents contraires, ne put rentrer dans ce port que le 17 septembre. C'était un spectacle bien douloureux que de voir dans quel état revenait cette escadre. On s'occupa aussitôt de réparer les vaisseaux désemparés; et les équipages y apportèrent une si grande activité, qu'en moins de quinze jours elle fut en état de reprendre la mer.

Pendant cette relâche, les vents, si souvent favorables à nos rivaux, vinrent cette fois à notre aide. Un effroyable ouragan désempara l'escadre ennemie au moment où elle faisait voile de Madras pour Bombay (15 octobre), et la mit hors de combat pour plusieurs mois. Suffren ne put profiter du malheur d'Edward Hughes; il avait donné rendez-vous à Bussy en rade d'Achem (île de Sumatra), pour revenir ensemble attaquer Madras, de concert avec Haïder-Ali, qui l'assiègerait par terre. On sait qu'à cette époque de l'année la côte de Coromandel est impraticable; Suffren aurait bien pu passer la mauvaise saison à Trinquemale, où ses vaisseaux eussent été en sûreté; mais le climat en est trop insalubre, et ses équipages, déjà épuisés par tant de fatigues et par un si long séjour à la mer, eussent été infailliblement décimés par les maladies. Tel est le motif qui décida Suffren à choisir la rade d'Achem pour hiverner et réparer son escadre; car le climat en est sain, et la terre y est d'une fertilité telle, que les vaisseaux y trouvent en abondance toutes les espèces de rafraîchissements.

Les opérations avançaient rapidement, les malades se rétablissaient, lorsqu'une corvette expédiée de l'île de France vint annoncer à Suffren l'arrivée prochaine de Bussy avec trois vaisseaux de guerre, et un convoi chargé de troupes et de munitions, qui se rendaient directement sur la côte de Coromandel, ne pouvant, à cause des vents contraires, l'aller joindre à Achem. Suffren appareilla aussitôt d'Achem pour retourner à la côte de Coromandel; pendant la traversée, le 12 janvier 1783, on vit, au déclin du jour, une corvette se diriger sur l'escadre et laisser tomber l'ancre au milieu d'elle : c'était *le Coventry,* de trente canons, commandé par le neveu de sir Edward Hughes. Cet officier, croyant les Français bien loin de là, avait cru donner dans l'escadre anglaise. La joie que pouvait causer à Suffren cette capture inattendue fut bien tempérée par la nouvelle que lui donna le capitaine anglais de la mort d'Haïder-Ali, arrivée le 7 décembre précédent, et de l'avénement au pouvoir de son fils Tippou-Saïb. C'était un coup terrible pour la cause française et pour Suffren, bien qu'il sût que le fils avait hérité de sa haine contre les Anglais et de sa confiance dans les Français. Le bailli s'empressa de lui écrire, pour le féliciter sur son avénement et l'engager à suivre les grands desseins de son père, en l'assurant que, de son côté, il le seconderait de tout son pouvoir.

Enfin la jonction de Suffren et de Bussy eut lieu à Gondelour au mois de février. Bussy avait avec lui trois vaisseaux et une frégate escortant trente bâtiments, reste d'un convoi beaucoup plus considérable qui avait été disséminé dans le trajet. La belle saison s'avançait, et l'on devait s'attendre à chaque instant à voir paraître l'amiral Hughes. L'escadre française n'était pas en état de se mesurer avec les Anglais; son infériorité en nombre était le moindre des obstacles. Les vaisseaux qui venaient de la rallier, ayant essuyé de graves avaries, étaient hors d'état de soutenir un combat avant d'avoir été radoubés; les autres, auxquels on n'avait pu faire que des réparations provisoires à Achem, étaient à peu près dans le même cas. La rade de Gondelour n'est qu'une rade foraine qui n'offre aucune ressource ni aucun moyen de défense. Suffren se hâta donc de débarquer les troupes de terre, dont Bussy prit le commandement; puis il fit distribuer sur les vaisseaux les munitions et les vivres apportés par le convoi; et, lorsque ces opérations furent terminées, il mit à la voile pour se rendre à Trinquemale. Quoique dans cette traversée il fût contrarié par le vent, il arriva dans ce port juste au moment où on lui signalait l'approche de dix-sept vaisseaux de guerre ennemis. Suffren donna aussitôt l'ordre de forcer de voiles; et l'amiral Hughes sembla être arrivé tout exprès pour être témoin de l'entrée de l'escadre française à Trinquemale. Une heure plus tard, un combat était inévitable, et l'amiral français n'était pas en état de le soutenir.

Aussitôt après son arrivée, le bailli fit travailler avec une incroyable activité aux réparations nécessaires à chacun des vaisseaux de son escadre. A mesure qu'un vaisseau était réparé, il allait mouiller dans l'arrière-baie pour se mettre en appareillage. Cinq seulement y étaient déjà rendus, lorsque l'escadre anglaise reparut devant Trinquemale. Aussitôt Suffren, dont le vaisseau était encore retenu dans le port, passe sur un de ceux qui se trouvaient sur l'arrière-baie, et les fait embosser. Hughes, voyant la contenance de l'escadre française, protégée d'ailleurs par une forte batterie placée sur la montagne de la Découverte, ne crut pas prudent de l'attaquer, et il continua sa route vers le sud.

Dans l'ignorance où était Suffren sur la destination des Anglais, il dut craindre quelque tentative contre Gondelour. Bussy ne lui avait pas inspiré une grande confiance. Suffren ne doutait pas, certes, de sa bravoure personnelle; mais ce général était affaibli par l'âge et par la maladie, et d'ailleurs les plans qu'il lui avait développés lors de leur entrevue, et surtout le système de guerre défensive qu'il paraissait résolu de suivre, n'avaient pas obtenu son approbation. L'amiral était dans cette incertitude lorsque des lettres de Bussy, apportées par un bateau qui avait traversé la nuit l'escadre anglaise, vinrent confirmer ses craintes, et lui apprendre la fâcheuse position dans laquelle il se trouvait. Voici, en résumé, les principaux événements qui s'étaient passés depuis que Suffren avait quitté Gondelour.

Tippou-Saïb, qui au moment de la mort de son père achevait d'enlever le Tanjaour aux Anglais, avait été obligé d'abandonner cette belle conquête, et de quitter le Karnatic pour voler au secours des provinces occidentales de son empire de Mysore. Les Anglais, tranquilles du côté des Mahrattes, qui venaient de conclure définitivement la paix à la nouvelle de la mort d'Haïder-Ali, avaient dirigé de Bombay une puissante diversion contre les provinces mysoriennes du Malabar. Presque toute cette côte était rapidement tombée en leur pouvoir, et l'intérieur même du Mysore était entamé. Tippou-Saïb, en marchant vers le Malabar, n'avait pu laisser qu'une dizaine de mille hommes en

Karnatic, pour tenir la campagne avec les Français. Bussy, très-inférieur en forces aux Anglais ne tira peut-être pas même tout le parti possible de ce qu'il avait de ressources. Vieilli, tourmenté par la goutte, affaibli par les suites de l'épidémie qui l'avait atteint à l'île de France, ce n'était plus l'éclatant et infatigable compagnon de Dupleix : il ne lui restait plus guère que son courage. Il se laissa refouler sur Gondelour par le général anglais Stuart, qui avait, à la vérité, près de vingt mille soldats réguliers, dont quatre mille Anglais, contre neuf à dix mille, dont deux mille trois cents Français.

Le 15 juin, un furieux combat fut livré sous les murs de Gondelour. Bussy se retrouva devant le canon. Incapable de se tenir à cheval, il se fit porter partout en palanquin au plus fort du péril. Les Anglais perdirent mille à douze cents hommes, et ne purent forcer les lignes françaises. Pendant la nuit, cependant, sur la nouvelle que l'ennemi allait mettre en batterie des masses d'artillerie, Bussy fit évacuer les dehors de la place et se renferma dans Gondelour. La place se trouva ainsi bloquée entre l'armée de Stuart et l'escadre d'Edward Hughes, qui, selon les craintes de Suffren, était venue dans ces parages en quittant ceux de Trinquemale.

La situation était critique, et l'anxiété de Bussy était indicible; mais elle ne dura pas longtemps. Dès le lendemain du combat, les sentinelles du rempart signalèrent Suffren au large; l'espoir et la joie renaissent dans tous les cœurs. Dans la même journée du 16, l'amiral s'approche, et, par de savantes manœuvres, il parvient à écarter l'escadre anglaise, et à se mettre en communication avec Gondelour. Les deux escadres manœuvrèrent quatre jours encore en vue de la ville et des deux armées. Ce fut le 20 seulement qu'elles engagèrent leur cinquième bataille depuis seize mois! Les Anglais avaient à la fois la supériorité du nombre et celle de l'armement : seize vaisseaux de ligne et deux de cinquante, contre treize vaisseaux de ligne, deux de cinquante et un de quarante. Les derniers ordres de la cour prescrivant aux amiraux de ne plus monter leurs vaisseaux durant un combat (1), Suffren, une demi-heure avant d'engager l'action, était passé à bord de *la Cléopâtre,* et parcourait sa ligne, encourageant les équipages à agir de leur mieux; tous devaient se conduire admirablement. Sur l'ordre de Suffren, tous nos vaisseaux approchèrent l'ennemi à portée de pistolet, ce fait suffit pour faire entrevoir tout ce que la journée eut de terrible. Parmi tant d'incidents tragiques et glorieux, nous citerons seulement l'héroïsme du *Flamand,* vaisseau de cinquante, qui, après avoir beaucoup souffert et perdu son capitaine dès le commencement de l'action, attaque et force à la retraite un vaisseau de quatre-vingts qui voulait couper notre ligne. Les Anglais plient, serrés de près, sous les volées in-

(1) L'affaire malheureuse du 12 avril 1782, où le comte de Grasse fut fait prisonnier sur son vaisseau *la Ville-de-Paris*, avait nécessité cette ordonnance; et peut-être était-elle plus nécessaire pour Suffren que pour tout autre, lui dont la prudence ne tempérait pas toujours l'audace.

cessantes de la formidable artillerie qui les désempare; les ténèbres viennent couvrir leur retraite. L'amiral Hughes échappe à un nouveau combat par la supériorité de sa marche, et va se réfugier à Madras.

Suffren reparut triomphant, le 23 juin, devant Gondelour. On se figurerait difficilement la joie de l'armée assiégée à la vue de l'escadre. On accourt sur le rivage; l'armée entière, oubliant que l'ennemi est sous les murs de la place, n'a plus qu'un seul désir, celui de voir l'amiral. Il paraît enfin ; il vient conférer avec le général sur les moyens de faire lever le siége, et lui offrir de disposer de ses troupes et de ses équipages. Bussy l'attendait sur la plage avec son état-major. « Voilà notre sauveur, » dit ce général en le présentant à tous les officiers de l'armée. Alors les cris de joie se renouvellent, l'air en retentit, et l'écho va les porter jusque dans le camp ennemi. Suffren, étonné, se trouve tout à coup enlevé de terre et porté dans un palanquin. Les soldats veulent ravir aux noirs l'honneur de le porter; et, malgré ses refus et sa résistance, il fait une entrée triomphale dans Gondelour, au milieu des transports d'allégresse de l'armée et des habitants.

On se préparait à attaquer l'armée assiégeante, qui, depuis le combat naval du 20, restait immobile dans ses lignes sans donner signe de vie. Coupée d'avec la mer, ayant en face d'elle une garnison renforcée et pleine d'ardeur, harcelée sur ses derrières par des nuées de cavaliers mysoriens qui lui coupaient les vivres, l'armée anglaise était très-compromise. Sa défaite, pour avoir été ajournée, ne paraissait que plus probable. Les nouvelles étaient excellentes pour les Français : des convois français et hollandais allaient arriver de l'île de France. Tippou-Saïb, digne fils de son père, venait de prendre, dans Bednor, le gros des forces anglaises qui avaient ravagé le Malabar. Notre cause se relevait dans l'Inde; tout pouvait se réparer encore.

Suffren, retourné à son bord, attendait le jour fixé pour l'attaque de l'armée anglaise, lorsque le 29 juin une frégate anglaise lui apporta la nouvelle que la paix avait été signée à Versailles, le 9 février 1783, entre l'Angleterre et la France. Bientôt cette nouvelle fut confirmée par l'arrivée d'une frégate française qui apportait à Suffren l'ordre de ramener en France son escadre, à l'exception de cinq vaisseaux et de deux frégates, destinés à rester dans l'Inde pour la protection des comptoirs et des ports que nous y conservions.

L'amiral appareilla aussitôt pour revenir en France. Il toucha au cap de Bonne-Espérance, où son escadre se reposa quelques jours. Il se passa alors un fait remarquable, qui fait honneur tout à la fois à la perspicacité et à l'humanité du bailli de Suffren. Quelques jours après son arrivée, l'escadre anglaise se présenta aussi devant le port pour y relâcher; mais, comme les vents étaient contraires, elle eut quelques bordées à courir pour gagner le mouillage. Le coup d'œil de notre amiral était si sûr et si exercé, qu'observant la manœuvre d'un vaisseau de cette escadre, il annonça qu'il allait se perdre, et ordonna de tenir les chaloupes prêtes à lui porter secours. En effet, peu de moments après, le vaisseau anglais fit côte. On y vola de toutes parts; mais les chaloupes françaises arrivèrent les premières; et, pour l'observateur, ce ne fut pas un spectacle sans intérêt que de voir ces deux escadres, naguère si acharnées à leur destruction réciproque, rivaliser de zèle et d'obligeance, et se prodiguer les soins les plus empressés.

Le bailli de Suffren rentra dans le port de Toulon le 26 mars 1784, après une absence de trois ans. Ses concitoyens le reçurent avec enthousiasme. Les États de Provence firent frapper une médaille à son effigie avec cette inscription :

LE CAP PROTÉGÉ.
TRINQUEMALE PRIS. GONDELOUR DÉLIVRÉ.
L'INDE DÉFENDUE.
SIX COMBATS GLORIEUX.
LES ÉTATS DE PROVENCE ONT DÉCERNÉ
CETTE MÉDAILLE. — MDCCLXXXIV.

A son arrivée à Versailles, le bailli de Suffren reçut un accueil on ne peut plus honorable. En entrant dans la salle des gardes, le maréchal de Castries, alors ministre de la marine, dit : « Messieurs, c'est M. de Suffren. »

A ces mots, les gardes du corps se levèrent, et, quittant leurs mousquetons, lui formèrent un cortége jusqu'à la chambre du roi.

Louis XVI l'entretint pendant plusieurs heures, et l'amiral fut étonné des détails dans lesquels ce monarque entra avec lui sur ses campagnes. La reine et les princes le comblèrent de témoignages d'estime et d'admiration. Le roi le nomma chevalier de ses ordres, et lui accorda les entrées de sa chambre. Le nombre réglementaire des vice-amiraux était de trois, et ces charges étaient toutes occupées; Louis XVI en créa une quatrième en sa faveur, et l'ordonnance portait qu'étant uniquement érigée pour lui, elle serait supprimée à son décès. Il ne pouvait paraître au spectacle, ni dans aucun lieu public, sans que la foule empressée lui témoignât, par ses acclamations, l'enthousiasme qu'inspiraient ses exploits.

Au mois d'octobre 1787, quelques difficultés entre la France et l'Angleterre ayant fait craindre une guerre nouvelle, le roi ordonna l'armement d'une armée navale à Brest, et, en désignant le bailli de Suffren pour en prendre le commandement, ce prince lui donna le choix des capitaines qui devaient servir sous ses ordres. Il se disposait à se rendre dans ce port lorsqu'il fut atteint d'une maladie grave. Les soins qui lui furent prodigués le tirèrent du danger qui menaçait sa vie; mais, depuis ce moment, sa santé fut toujours chancelante, et il mourut à Paris le 8 décembre 1788. Il était né le 13 juillet 1726; il avait, par conséquent, soixante-deux ans et cinq mois moins cinq jours.

Suffren était d'une taille ordinaire, mais d'un embonpoint extrême. La régularité de ses traits donnait à sa physionomie un aspect noble et gracieux. Ses manières, aisées et polies avec ses égaux, devenaient douces et affectueuses pour ses inférieurs. A un sang-froid imperturbable dans l'action il joignait une activité et une ardeur extrêmes. Courageux et brave jusqu'à la témérité, il était d'une rigueur inflexible pour les officiers chez lesquels il croyait remarquer de la faiblesse ou de la lâcheté; et ni le rang, ni les liens de l'amitié, pas même ceux du sang, ne pouvaient tempérer sa sévérité lorsqu'il s'agissait de fautes contre l'honneur ou contre la discipline. A une grande élévation de caractère il alliait des connaissances très-étendues, et une extrême vivacité d'esprit et de jugement. En un mot, il réunissait toutes les qualités qui font le guerrier illustre, le marin expérimenté et l'homme estimable. C'est sans contredit un des plus grands hommes de mer que la France ait produits, et c'est à juste titre qu'un historien moderne l'appelle *le dernier des grands marins de l'ancienne France*.

(1) Henri Martin, *Histoire de France*, t. XIX, p. 341.

FIN

TABLE

—

CHAPITRE III

CHAPITRE IV

422. — Tours, impr. Mame.

BIBLIOTHÈQUE DE LA JEUNESSE CHRÉTIENNE. — 5e SÉRIE.

Adèle.
Adrien Blondeau ou les tribulations de la vanité.
Albertine et Suzanne.
Ange de Charité (l').
Apolline, par Mme V. Vattier.
Aventures (les) du cousin Jacques, par Just Girard.
Bergère de Beauvallon (la).
Berthe et Fanny.
Bianca l'Esclave, par Mme A. Grandsard.
Billet de Loterie (le).
Blanche et Isabelle.
Chevert, lieutenant général des armées du roi, par Fr. Joubert.
Cloche cassée (la).
Clotilde de Bellefonds.
Curé d'Ars (le).
Demoiselles d'Héricourt (les).
Divinité de Jésus-Christ (la).
Écolier vertueux (l').
Edmond ou les tribulations d'un menteur.
Élise et Céline.
Émilie et Claudine.
Expéditions portugaises aux Indes Orientales.
François, par Just Girard.
Gaëtano, par E. Bossuat.
Génie de Buffon.
Hélène, par Mme Grandsar
Henriette de Saint-Gervais, par Mme de la Rochère.
Jean-Pierre.
Jeunesse de Salvator Rosa (la)
Laurent et Jérôme.
Le Bailli de Suffren, par Fr. Joubert.
Léon et Alice.
Louise de Vaudemont.
Lucien, par Fr. Joubert.
Madone de la forêt (la).
Manoir de Rosven (le).
Mariette.
Maréchal Fabert (le).
Mathilde et Marthe.
M. Gendrel, ou le Travail c'est la santé, par Ét. Gervais.
Odette.
Passeur de Marmoutier (le), par Just Girard.
Paul Davadan.
Père Tropique (le).
Périne par Marie Ange de T***
Petit Homme noir (le).
Pierre Chauvelot, par Just Girard.
Pierre Reboul par Théoph. Ménard.
Pieuse Paysanne (la).
Prix de Lecture (le), par Marie-Ange de T***
Reine et Paysanne.
Sabotier de Marly (le).
Scènes instructives et amusantes, par Léon Forster.
Secret de Madeleine, par Marie-Ange de T***.
Souvenirs de Charité.
Souvenirs du Sacré-Cœur de Paris.
Souvenirs de Madame de Pontalby.
Temps Mérovingiens (Souvenirs des).
Turenne (histoire de), par l'abbé Raguenet.
Une Famille Créole, par Just Girard.
Vacances à Fontainebleau (les), par Mme C. Lebrun.
Voyages dans l'Hindoustan, par E. Garnier.
Yvonne, légende bretonne.

Tours. — Impr. Mame.

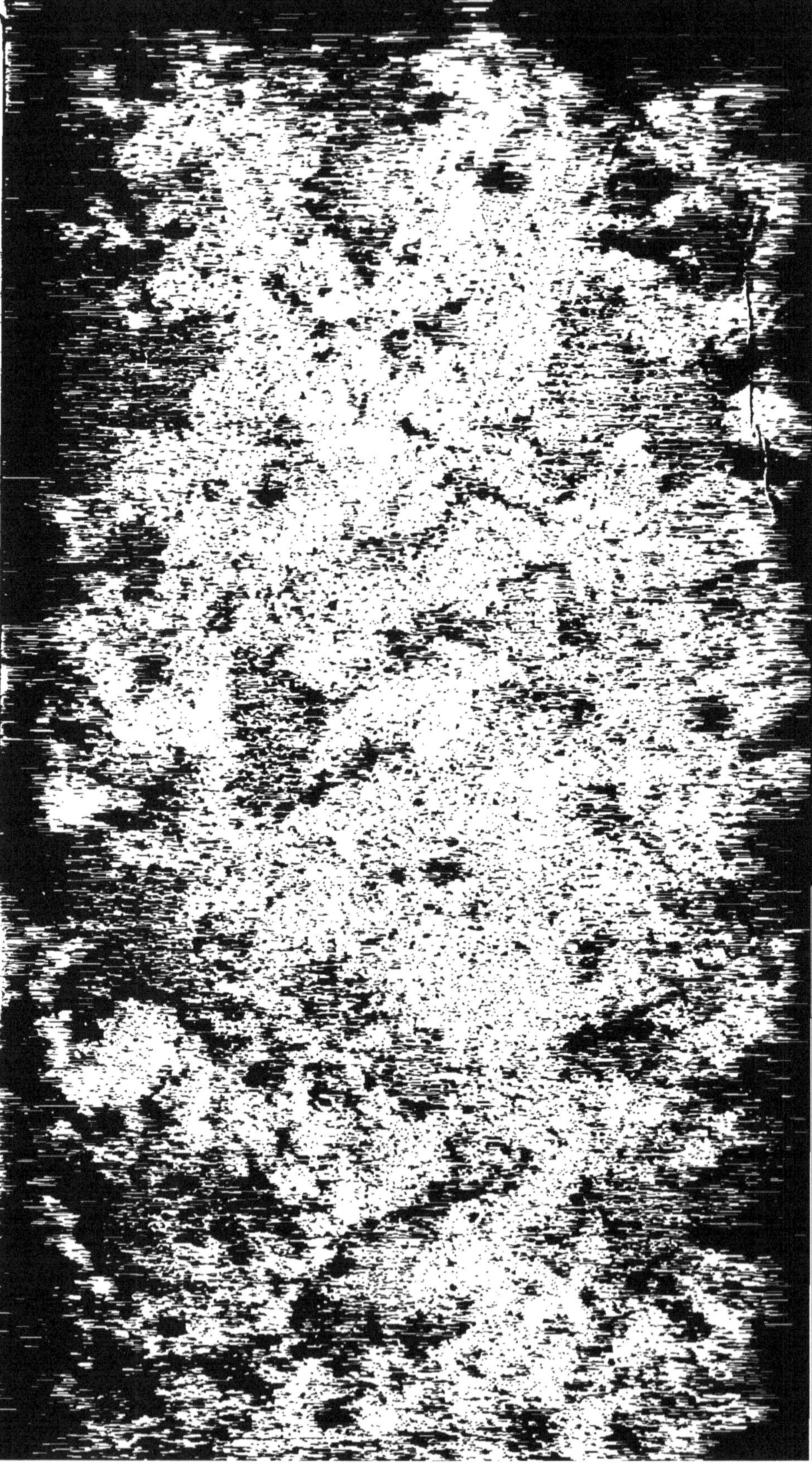

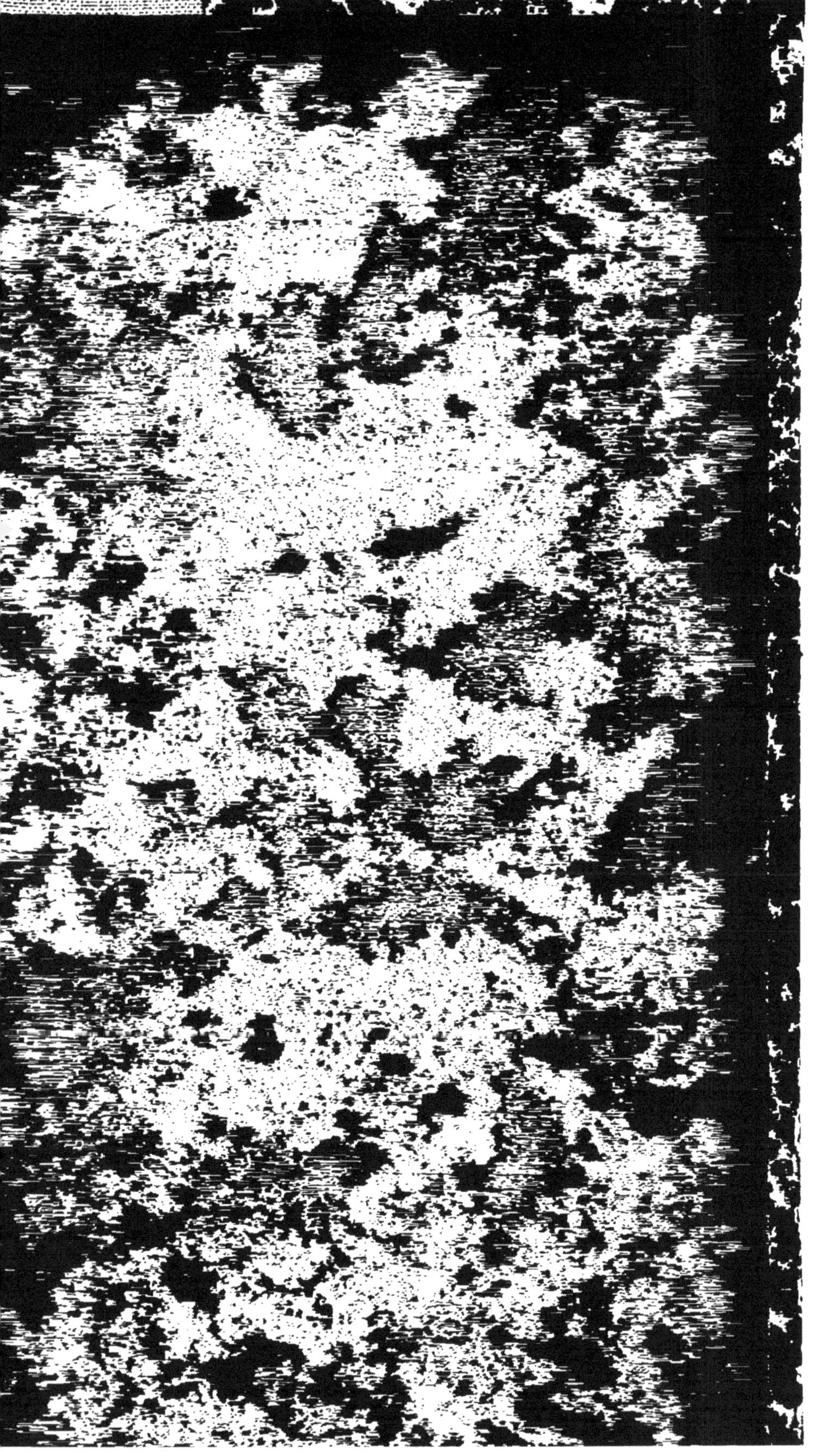

BIBLIOTHEQUE NATIONALE DE FRANCE
3 7502 00810908 6

www.ingramcontent.com/pod-product-compliance
Ingram Content Group UK Ltd.
Pitfield, Milton Keynes, MK11 3LW, UK
UKHW021054200726
13857UKWH00003B/919